中国旅游涉外饭店经营统计及排序

STATISTICS ON OPERATION AND LISTING OF TOURIST－CATERING HOTELS IN CHINA

1998

国　家　旅　游　局

CHINA NATIONAL TOURISM ADMINISTRATION

《中国旅游涉外饭店经营统计及排序》

编委会名单

LIST OF EDITORIAL BOARD OF STATISTICS ON OPERATION AND LISTING OF TOURIST-CATERING HOTELS IN CHINA

前　　言

《中国旅游涉外饭店经营统计及排序》是汇集全国旅游涉外饭店经营统计方面的综合性资料。编辑、出版这套资料，对于研究我国旅游饭店业在我国旅游业发展中的地位、作用及其自身的发展轨迹，研究旅游涉外饭店在我国各地的分布、构成及其自身的经营状况，有重要的参考价值。同时，也利于各旅游涉外饭店了解全行业信息、研究自身所处的位置和制定相应的经营战略。

《中国旅游涉外饭店经营统计及排序—1998》全面汇集了1997年全国旅游涉外饭店经营统计方面的资料。本资料由六大部分组成，均按各种统计项目划分：第一辑为综合统计及排序，汇集了对1997年全国5201家旅游涉外饭店的统计数据的处理结果，编排了按营业收入考核的全国旅游涉外饭店前100名排序表；第二辑为国有饭店统计资料，汇集了对1997年全国3343家国有旅游涉外饭店的统计数据的处理结果；第三辑为外资饭店统计资料，汇集了对1997年全国734家利用外资建设的旅游涉外饭店的统计数据的处理结果；第四辑为星级饭店统计资料，汇集了对1997年全国2724家星级饭店的统计资料的处理结果；第五辑为非星级饭店统计资料，汇集了对1997年全国2447家非星级饭店的统计数据的处理结果；第六辑为大中型饭店统计资料，分综合资料、国有大中型饭店统计资料、外资大中型饭店统计资料、星级大中型饭店统计资料、非星级大中型饭店统计资料等五个部分，汇集了对1997年全国827家客房规模在200间以上的大中型旅游涉外饭店的有关统计数据的处理结果。在六辑资料之前，刊发了《1997年中国旅游涉外饭店经营统计公报》，以便读者对1997年全国旅游涉外饭店的发展情况、经营情况有比较全面的、概括性的了解。

《中国旅游涉外饭店经营统计及排序—1998》既是研究我国旅游饭店业1997年发展及经营情况的全面、权威、翔实的资料，也是记载这一年中我国旅游饭店业职工业绩的史册；既是对历史的客观描述，也有助于对未来发展的前瞻。旅游涉外饭店作为旅游业的接待基地和效益中心，在我国旅游业跨世纪大发展中担负着重要的使命。全国旅游饭店业的广大职工，要不断总结经验，开拓进取，进一步提高服务质量，提高经济效益和社会效益，为我国改革开放和社会主义现代化建设事业作出更大的贡献！

《中国旅游涉外饭店经营统计及排序—1998》的编辑出版，凝聚了全行业旅游统计工作者的工作成果，在此谨致谢意。

《中国旅游涉外饭店经营统计及排序》

编　辑　委　员　会

一 九 九 八 年 七 月

INTRODUCTION

STATISTICS ON OPERATION AND LISTING OF TOURIST－CATERING HOTELS IN CHINA is a collection of the overall statistics on the operation of all the tourist－catering hotels in China. Compilation and publication is conducted by tourism administration body. Therefore, it is of important value as reference in making studies on the position and role of tourist－catering hotels in the tourism development in China, in studying its own course of development, and in making research on the distribution, structure and operation status of tourist－catering hotels in various parts of China. In addition, it will also be useful for the hotels to exchange information within the trade so as to get a better knowledge of their own position and operation strategies.

STATISTICS ON OPERATION AND LISTING OF TOURIST－CATERING HOTELS IN CHINA (1998) consists of six parts according to districts: the FIRST being GENERAL STATISTICS AND LISTING, presenting the results after handling the statistical data collected from the 5201 tourist－catering hotels in China in 1997 and listing the first 100 tourist－catering hotels in the country on the basis of their sales income; the SECOND being STATISTICS OF STATE－INVESTED HOTELS, presenting the results after handling the statistical data collected from the 3343 state－invested tourist－catering hotels in China in 1997; the THIRD being STATISTICS OF FOREIGN－INVESTED HOTELS, presenting the results after handling the statistical data collected from the 734 foreign－invested tourist－catering hotels in China in 1997; the FOURTH being STATISTICS OF STAR－RANKED HOTELS, presenting the results after handling the statistical data collected from the 2724 star－ranked tourist－catering hotels in China in 1997; the FIFTH being STATISTICS OF STARLESS HOTELS, presenting the results after handling the statistical data collected from the 2447 starless tourist－catering hotels in China in 1997; the SIXTH being STATISTICS OF LARGE AND MEDIUM SCALE HOTELS which is further divided into five sections: General Information, Large and Medium State－invested Hotels, Large and Medium Foreign－invested Hotels, Large and Medium Star－ranked Hotels, Large and Medium Starless Hotels, presenting the results after handling the statistical data collected from the 827 large and medium tourist－catering hotels with more than 200 rooms in China in 1997. In front of the six parts, THE STATISTICAL REPORT ON THE TOURIST－CATERING HOTELS IN CHINA

IN 1997 will give the readers a general but brief idea on the development and operation of tourist—catering hotels in China in 1997.

STATISTICS ON OPERATION AND LISTING OF TOURIST—CATERING HOTELS IN CHINA (1998) not only provides most comprehensive, authoritative and accurate information for relevant personnel to make studies on the development and operation status of the tourist—catering hotels in the country in 1997, but also records the achievements gained by the trade employees of the country over the past year. It is thus not only a factual description of history, but also a help for looking into the furture. Tourist—catering hotels which serve as the center of tourist—reception and economic returns will surely plays a leading role in the development of China's tourism industry at the turn of the century. Tourist hotel trade staff and employees should sum up experiences constantly, exert more efforts in further improving service quality, economic benefit, and social impact, and make bigger contribution to the cause of reform and opening to the outside world and socialist modernization.

The compilation and publication of this STATISTICS ON OPERATION AND LISTING OF TOURIST—CATERING HOTELS IN CHINA(1998) involved the hard work of all the statistics workers in the tourism industry, and they deserve our sincere gratitude.

Editorial Board
STATISTICS ON OPERATION AND LISTING
OF TOURIST—CATERING HOTELS IN CHINA
July 1998

目　　录

1997 年中国旅游涉外饭店经营统计公报 …… 1

第一辑　综合统计及排序

1－1　全国旅游涉外饭店综合情况 …… 7
1－2　全国旅游涉外饭店的地区分布 …… 8
1－3　全国旅游涉外饭店的经济类型 …… 9
1－4　全国旅游涉外饭店的客房规模 …… 10
1－5　全国旅游涉外饭店的星级构成 …… 11
1－6　全国旅游涉外饭店的营业收入总额 …… 12
1－7　全国旅游涉外饭店的营业收入构成 …… 13
1－8　全国旅游涉外饭店的住宿人数和人天数 …… 14
1－9　全国旅游涉外饭店的每间客房年收入 …… 15
1－10　全国旅游涉外饭店的人均效益 …… 16
1－11　全国旅游涉外饭店营业收入前一百名排序 …… 17

第二辑　国有饭店统计资料

2－1　全国国有旅游涉外饭店综合情况 …… 23
2－2　全国国有旅游涉外饭店的地区分布 …… 24
2－3　全国国有旅游涉外饭店的客房规模 …… 25
2－4　全国国有旅游涉外饭店的星级构成 …… 26
2－5　全国国有旅游涉外饭店的营业收入总额 …… 27
2－6　全国国有旅游涉外饭店的营业收入构成 …… 28
2－7　全国国有旅游涉外饭店的住宿人数和人天数 …… 29
2－8　全国国有旅游涉外饭店的每间客房年收入 …… 30
2－9　全国国有旅游涉外饭店的人均效益 …… 31

第三辑　外资饭店统计资料

3－1　全国外资旅游涉外饭店综合情况 …… 35
3－2　全国外资旅游涉外饭店的地区分布 …… 36
3－3　全国外资旅游涉外饭店的客房规模 …… 37
3－4　全国外资旅游涉外饭店的星级构成 …… 38

3－5　全国外资旅游涉外饭店的营业收入总额 …… 39
3－6　全国外资旅游涉外饭店的营业收入构成 …… 40
3－7　全国外资旅游涉外饭店的住宿人数和人天数 …… 41
3－8　全国外资旅游涉外饭店的每间客房年收入 …… 42
3－9　全国外资旅游涉外饭店的人均效益 …… 43
第四辑　星级饭店统计资料
（一）　综合资料
4－1－1 全国星级饭店综合情况 …… 47
4－1－2 全国星级饭店的地区分布 …… 48
4－1－3 全国星级饭店的经济类型 …… 49
4－1－4 全国星级饭店的客房规模 …… 50
4－1－5 全国星级饭店的星级构成 …… 51
4－1－6 全国星级饭店的营业收入总额 …… 52
4－1－7 全国星级饭店的营业收入构成 …… 53
4－1－8 全国星级饭店的住宿人数和人天数 …… 54
4－1－9 全国星级饭店的每间客房年收入 …… 55
4－1－10全国星级饭店的人均效益 …… 56
（二）　五星级饭店资料
4－2－1 全国五星级饭店综合情况 …… 57
4－2－2 全国五星级饭店的地区分布 …… 58
4－2－3 全国五星级饭店的经济类型 …… 58
4－2－4 全国五星级饭店的客房规模 …… 59
4－2－5 全国五星级饭店的营业收入总额 …… 59
4－2－6 全国五星级饭店的营业收入构成 …… 60
4－2－7 全国五星级饭店的住宿人数和人天数 …… 60
4－2－8 全国五星级饭店的每间客房年收入 …… 61
4－2－9 全国五星级饭店的人均效益 …… 61
（三）　四星级饭店资料
4－3－1 全国四星级饭店综合情况 …… 62
4－3－2 全国四星级饭店的地区分布 …… 63
4－3－3 全国四星级饭店的经济类型 …… 64
4－3－4 全国四星级饭店的客房规模 …… 65
4－3－5 全国四星级饭店的营业收入总额 …… 66
4－3－6 全国四星级饭店的营业收入构成 …… 67
4－3－7 全国四星级饭店的住宿人数和人天数 …… 68
4－3－8 全国四星级饭店的每间客房年收入 …… 69

4－3－9　全国四星级饭店的人均效益 …… 70
（四）　三星级饭店资料
4－4－1　全国三星级饭店综合情况 …… 71
4－4－2　全国三星级饭店的地区分布 …… 72
4－4－3　全国三星级饭店的经济类型 …… 73
4－4－4　全国三星级饭店的客房规模 …… 74
4－4－5　全国三星级饭店的营业收入总额 …… 75
4－4－6　全国三星级饭店的营业收入构成 …… 76
4－4－7　全国三星级饭店的住宿人数和人天数 …… 77
4－4－8　全国三星级饭店的每间客房年收入 …… 78
4－4－9　全国三星级饭店的人均效益 …… 79
（五）　二星级饭店资料
4－5－1　全国二星级饭店综合情况 …… 80
4－5－2　全国二星级饭店的地区分布 …… 81
4－5－3　全国二星级饭店的经济类型 …… 82
4－5－4　全国二星级饭店的客房规模 …… 83
4－5－5　全国二星级饭店的营业收入总额 …… 84
4－5－6　全国二星级饭店的营业收入构成 …… 85
4－5－7　全国二星级饭店的住宿人数和人天数 …… 86
4－5－8　全国二星级饭店的每间客房年收入 …… 87
4－5－9　全国二星级饭店的人均效益 …… 88
（六）　一星级饭店资料
4－6－1　全国一星级饭店综合情况 …… 89
4－6－2　全国一星级饭店的地区分布 …… 90
4－6－3　全国一星级饭店的经济类型 …… 91
4－6－4　全国一星级饭店的客房规模 …… 92
4－6－5　全国一星级饭店的营业收入总额 …… 93
4－6－6　全国一星级饭店的营业收入构成 …… 94
4－6－7　全国一星级饭店的住宿人数和人天数 …… 95
4－6－8　全国一星级饭店的每间客房年收入 …… 96
4－6－9　全国一星级饭店的人均效益 …… 97
第五辑　非星级饭店统计资料
5－1　全国非星级旅游涉外饭店综合情况 …… 101
5－2　全国非星级旅游涉外饭店的地区分布 …… 102
5－3　全国非星级旅游涉外饭店的经济类型 …… 103
5－4　全国非星级旅游涉外饭店的客房规模 …… 104

5－5　全国非星级旅游涉外饭店的营业收入总额 …… 105
5－6　全国非星级旅游涉外饭店的营业收入构成 …… 106
5－7　全国非星级旅游涉外饭店的住宿人数和人天数 …… 107
5－8　全国非星级旅游涉外饭店的每间客房年收入 …… 108
5－9　全国非星级旅游涉外饭店的人均效益 …… 109
第六辑　大中型饭店统计资料
（一）　综合资料
6－1－1 全国大中型旅游涉外饭店综合情况 …… 113
6－1－2 全国大中型旅游涉外饭店的地区分布 …… 114
6－1－3 全国大中型旅游涉外饭店的经济类型 …… 115
6－1－4 全国大中型旅游涉外饭店的客房规模 …… 116
6－1－5 全国大中型旅游涉外饭店的的星级构成 …… 117
6－1－6 全国大中型旅游涉外饭店的营业收入总额 …… 118
6－1－7 全国大中型旅游涉外饭店的营业收入构成 …… 119
6－1－8 全国大中型旅游涉外饭店的住宿人数和人天数 …… 120
6－1－9 全国大中型旅游涉外饭店的每间客房年收入 …… 121
6－1－10全国大中型旅游涉外饭店的人均效益 …… 122
（二）　国有大中型饭店统计资料
6－2－1 全国国有大中型旅游涉外饭店综合情况 …… 123
6－2－2 全国国有大中型旅游涉外饭店的地区分布 …… 124
6－2－3 全国国有大中型旅游涉外饭店的客房规模 …… 125
6－2－4 全国国有大中型旅游涉外饭店的星级构成 …… 126
6－2－5 全国国有大中型旅游涉外饭店的营业收入总额 …… 127
6－2－6 全国国有大中型旅游涉外饭店的营业收入构成 …… 128
6－2－7 全国国有大中型旅游涉外饭店的住宿人数和人天数 …… 129
6－2－8 全国国有大中型旅游涉外饭店的每间客房年收入 …… 130
6－2－9 全国国有大中型旅游涉外饭店的人均效益 …… 131
（三）　外资大中型饭店统计资料
6－3－1 全国外资大中型旅游涉外饭店综合情况 …… 132
6－3－2 全国外资大中型旅游涉外饭店的地区分布 …… 133
6－3－3 全国外资大中型旅游涉外饭店的客房规模 …… 134
6－3－4 全国外资大中型旅游涉外饭店的星级构成 …… 135
6－3－5 全国外资大中型旅游涉外饭店的营业收入总额 …… 136
6－3－6 全国外资大中型旅游涉外饭店的营业收入构成 …… 137
6－3－7 全国外资大中型旅游涉外饭店的住宿人数和人天数 …… 138
6－3－8 全国外资大中型旅游涉外饭店的每间客房年收入 …… 139

6－3－9 全国外资大中型旅游涉外饭店的人均效益 …………………………………… 140

（四） 星级大中型饭店统计资料

6－4－1 全国星级大中型饭店综合情况 ………………………………………………… 141
6－4－2 全国星级大中型饭店的地区分布 ……………………………………………… 142
6－4－3 全国星级大中型饭店的经济类型 ……………………………………………… 143
6－4－4 全国星级大中型饭店的客房规模 ……………………………………………… 144
6－4－5 全国星级大中型饭店的星级构成 ……………………………………………… 145
6－4－6 全国星级大中型饭店的营业收入总额 ………………………………………… 146
6－4－7 全国星级大中型饭店的营业收入构成 ………………………………………… 147
6－4－8 全国星级大中型饭店的住宿人数和人天数 …………………………………… 148
6－4－9 全国星级大中型饭店的每间客房年收入 ……………………………………… 149
6－4－10全国星级大中型饭店的人均效益 ……………………………………………… 150

（五） 非星级大中型饭店统计资料

6－5－1 全国非星级大中型旅游涉外饭店综合情况 …………………………………… 151
6－5－2 全国非星级大中型旅游涉外饭店的地区分布 ………………………………… 152
6－5－3 全国非星级大中型旅游涉外饭店的经济类型 ………………………………… 153
6－5－4 全国非星级大中型旅游涉外饭店的客房规模 ………………………………… 154
6－5－5 全国非星级大中型旅游涉外饭店的营业收入总额 …………………………… 155
6－5－6 全国非星级大中型旅游涉外饭店的营业收入构成 …………………………… 156
6－5－7 全国非星级大中型旅游涉外饭店的住宿人数和人天数 ……………………… 157
6－5－8 全国非星级大中型旅游涉外饭店的每间客房年收入 ………………………… 158
6－5－9 全国非星级大中型旅游涉外饭店的人均效益 ………………………………… 159

广告

南京金陵饭店 ……………………………………………………………………… 封二
白天鹅宾馆 ………………………………………………………………………… 插页
福州西湖大酒店 …………………………………………………………………… 插页
花园酒店 …………………………………………………………………………… **20**

CONTENTS

THE STATISTICAL REPORT ON THE TOURIST－CATERING HOTELS IN CHINA IN 1997 …… 1

PART ONE GENERAL STATISTICS AND LISTING

1－1 General Information of the Hotels in China …… 7
1－2 Regional Distribution of the Hotels in China …… 8
1－3 Economic Type of the Hotels in China …… 9
1－4 Number of Rooms of the Hotels in China …… 10
1－5 Composition of Star－ranking of the Hotels in China …… 11
1－6 Sales Income of the Hotels in China …… 12
1－7 Composition of Sales Income of the Hotels in China …… 13
1－8 Number of People Staying and Nights of the Hotels in China …… 14
1－9 Year Income of One Room of the Hotels in China …… 15
1－10 Per Capital Income of the Hotels in China …… 16
1－11 List of First 100 Hotels in China in Order of Sales Income …… 17

PART TWO STATISTICS OF STATE－INVESTED HOTELS

2－1 General Information of the State－invested Hotels in China …… 23
2－2 Regional Distribution of the State－invested Hotels in China …… 24
2－3 Number of Rooms of the State－invested Hotels in China …… 25
2－4 Composition of Star－ranking of the State－invested Hotels in China …… 26
2－5 Sales Income of the State－invested Hotels in China …… 27
2－6 Composition of Sales Income of the State－invested Hotels in China …… 28
2－7 Number of People Staying and Nights of the State－invested Hotels in China …… 29
2－8 Year Income of One Room of the State－invested Hotels in China …… 30
2－9 Per Capital Income of the State－invested Hotels in China …… 31

PART THREE STATISTICS OF FOREIGN－INVESTED HOTELS

3－1 General Information of the Foreign－invested Hotels in China …… 35
3－2 Regional Distribution of the Foreign－invested Hotels in China …… 36
3－3 Number of Rooms of the Foreign－invested Hotels in China …… 37
3－4 Composition of Star－ranking of the Foreign－invested Hotels in China …… 38
3－5 Sales Income of the Foreign－invested Hotels in China …… 39

3－6 Composition of Sales Income of the Foreign－invested Hotels in China ········· 40
3－7 Number of People Staying and Nights of the Foreign－invested Hotels in China ········· 41
3－8 Year Income of One Room of the Foreign－invested Hotels in China ········· 42
3－9 Per Capital Income of the Foreign－invested Hotels in China ········· 43

PART FOUR STATISTICS OF STAR－RANKED HOTELS

Ⅰ. General Information

4－1－1 General Information of the Star－ranked Hotels in China ········· 47
4－1－2 Regional Distribution of the Star－ranked Hotels in China ········· 48
4－1－3 Economic Type of the Star－ranked Hotels in China ········· 49
4－1－4 Number of Rooms of the Star－ranked Hotels in China ········· 50
4－1－5 Composition of Star－ranking of the Star－ranked Hotels in China ········· 51
4－1－6 Sales Income of the Star－ranked Hotels in China ········· 52
4－1－7 Composition of Sales Income of the Star－ranked Hotels in China ········· 53
4－1－8 Number of People Staying and Nights of the Star－ranked Hotels in China ··· 54
4－1－9 Year Income of One Room of the Star－ranked Hotels in China ········· 55
4－1－10 Per Capital Income of the Star－ranked Hotels in China ········· 56

Ⅱ. 5－Star Hotels

4－2－1 General Information of the 5－Star Hotels in China ········· 57
4－2－2 Regional Distribution of the 5－Star Hotels in China ········· 58
4－2－3 Economic Type of the 5－Star Hotels in China ········· 58
4－2－4 Number of Rooms of the 5－Star Hotels in China ········· 59
4－2－5 Sales Income of the 5－Star Hotels in China ········· 59
4－2－6 Composition of Sales Income of the 5－Star Hotels in China ········· 60
4－2－7 Number of People Staying and Nights of the 5－Star Hotels in China ········· 60
4－2－8 Year Income of One Room of the 5－Star Hotels in China ········· 61
4－2－9 Per Capital Income of the 5－Star Hotels in China ········· 61

Ⅲ. 4－Star Hotels

4－3－1 General Information of the 4－Star Hotels in China ········· 62
4－3－2 Regional Distribution of the 4－Star Hotels in China ········· 63
4－3－3 Economic Type of the 4－Star Hotels in China ········· 64
4－3－4 Number of Rooms of the 4－Star Hotels in China ········· 65
4－3－5 Sales Income of the 4－Star Hotels in China ········· 66
4－3－6 Composition of Sales Income of the 4－Star Hotels in China ········· 67
4－3－7 Number of People Staying and Nights of the 4－Star Hotels in China ········· 68
4－3－8 Year Income of One Room of the 4－Star Hotels in China ········· 69

4－3－9　Per Capital Income of the 4－Star Hotels in China ……………………………… 70

Ⅳ. 3－Star Hotels

4－4－1　General Information of the 3－Star Hotels in China ……………………………… 71
4－4－2　Regional Distribution of the 3－Star Hotels in China ……………………………… 72
4－4－3　Economic Type of the 3－Star Hotels in China ……………………………… 73
4－4－4　Number of Rooms of the 3－Star Hotels in China ……………………………… 74
4－4－5　Sales Income of the 3－Star Hotels in China ……………………………… 75
4－4－6　Composition of Sales Income of the 3－Star Hotels in China ……………………………… 76
4－4－7　Number of People Staying and Nights of the 3－Star Hotels in China ………… 77
4－4－8　Year Income of One Room of the 3－Star Hotels in China ……………………… 78
4－4－9　Per Capital Income of the 3－Star Hotels in China ……………………………… 79

Ⅴ. 2－Star Hotels

4－5－1　General Information of the 2－Star Hotels in China ……………………………… 80
4－5－2　Regional Distribution of the 2－Star Hotels in China ……………………………… 81
4－5－3　Economic Type of the 2－Star Hotels in China ……………………………… 82
4－5－4　Number of Rooms of the 2－Star Hotels in China ……………………………… 83
4－5－5　Sales Income of the 2－Star Hotels in China ……………………………… 84
4－5－6　Composition of Sales Income of the 2－Star Hotels in China ……………………………… 85
4－5－7　Number of People Staying and Nights of the 2－Star Hotels in China ………… 86
4－5－8　Year Income of One Room of the 2－Star Hotels in China ……………………… 87
4－5－9　Per Capital Income of the 2－Star Hotels in China ……………………………… 88

Ⅵ. 1－Star Hotels

4－6－1　General Information of the 1－Star Hotels in China ……………………………… 89
4－6－2　Regional Distribution of the 1－Star Hotels in China ……………………………… 90
4－6－3　Economic Type of the 1－Star Hotels in China ……………………………… 91
4－6－4　Number of Rooms of the 1－Star Hotels in China ……………………………… 92
4－6－5　Sales Income of the 1－Star Hotels in China ……………………………… 93
4－6－6　Composition of Sales Income of the 1－Star Hotels in China ……………………………… 94
4－6－7　Number of People Staying and Nights of the 1－Star Hotels in China ………… 95
4－6－8　Year Income of One Room of the 1－Star Hotels in China ……………………… 96
4－6－9　Per Capital Income of the 1－Star Hotels in China ……………………………… 97

PART FIVE STATISTICS OF STARLESS HOTELS

5－1　General Information of the Starless Hotels in China ……………………………… 101
5－2　Regional Distribution of the Starless Hotels in China ……………………………… 102
5－3　Economic Type of the Starless Hotels in China ……………………………… 103
5－4　Number of Rooms of the Starless Hotels in China ……………………………… 104

5－5 Sales Income of the Starless Hotels in China …… 105
5－6 Composition of Sales Income of the Starless Hotels in China …… 106
5－7 Number of People Staying and Nights of the Starless Hotels in China …… 107
5－8 Year Income of One Room of the Starless Hotels in China …… 108
5－9 Per Capital Income of the Starless Hotels in China …… 109

PART SIX STATISTICS OF LARGE AND MEDIUM SCALE HOTELS

Ⅰ. General Information

6－1－1 General Information of the Large and Medium Hotels in China …… 113
6－1－2 Regional Distribution of the Large and Medium Hotels in China …… 114
6－1－3 Economic Type of the Large and Medium Hotels in China …… 115
6－1－4 Number of Rooms of the Large and Medium Hotels in China …… 116
6－1－5 Composition of Star－ranking of the Large and Medium Hotels in China …… 117
6－1－6 Sales Income of the Large and Medium Hotels in China …… 118
6－1－7 Composition of Sales Income of the Large and Medium Hotels in China …… 119
6－1－8 Number of People Staying and Nights of the Large and Medium Hotels in China …… 120
6－1－9 Year Income of One Room of the Large and Medium Hotels in China …… 121
6－1－10 Per Capital Income of the large and Medium Hotels in China …… 122

Ⅱ. Large and Medium State－invested Hotels

6－2－1 General Information of the Large and Medium State－invested Hotels in China …… 123
6－2－2 Regional Distribution of the Large and Medium State－invested Hotels in China …… 124
6－2－3 Economic Type of the Large and Medium State－invested Hotels in China …… 125
6－2－4 Number of Rooms of the Large and Medium State－invested Hotels in China …… 126
6－2－5 Sales Income of the Large and Medium State－invested Hotels in China …… 127
6－2－6 Composition of Sales Income of the Large and Medium State－invested Hotels in China …… 128
6－2－7 Number of People Staying and Nights of the Large and Medium State－invested Hotels in China …… 129
6－2－8 Year Income of One Room of the Large and Medium State－invested Hotels in China …… 130
6－2－9 Per Capital income of the Large and Medium Satate－invested Hotels in China …… 131

Ⅲ. **Large and Medium Foreign－invested Hotels**

6－3－1 General Information of the Large and Medium Foreign－invested Hotels in China ······ 132

6－3－2 Regional Distribution of the Large and Medium Foreign－invested Hotels in China ······ 133

6－3－3 Economic Type of the Large and Medium Foreign－invested Hotels in China ······ 134

6－3－4 Number of Rooms of the Large and Medium Foreign－invested Hotels in China ······ 135

6－3－5 Sales Income of the Large and Medium Foreign－invested Hotels in China ······ 136

6－3－6 Composition of Sales Income of the Large and Medium Foreign－invested Hotels in China ······ 137

6－3－7 Number of People Staying and Nights of the Large and Medium Foreign－invested Hotels in China ······ 138

6－3－8 Year Income of One Room of the Large and Medium Foreign－invested Hotels in China ······ 139

6－3－9 Per Capital income of the Large and Medium Foreign－invested Hotels in China ······ 140

Ⅳ. **Large and Medium Star－ranked Hotels**

6－4－1 General Information of the Large and Medium Star－ranked Hotels in China ······ 141

6－4－2 Regional Distribution of the Large and Medium Star－ranked Hotels in China ······ 142

6－4－3 Economic Type of the Large and Medium Star－ranked Hotels in China ······ 143

6－4－4 Number of Rooms of the Large and Medium Star－ranked Hotels in China ······ 144

6－4－5 Composition of Star－ranking of the Large and Medium Star－ranked Hotels in China ······ 145

6－4－6 Sales Income of the Large and Medium Star－ranked Hotels in China ······ 146

6－4－7 Composition of Sales Income of the Large and Medium Star－ranked Hotels in China ······ 147

6－4－8 Number of People Staying and Nights of the Large and Medium Star－ranked Hotels in China ······ 148

6－4－9 Year Income of One Room of the Large and Medium Star－ranked Hotels in China ······ 149

6－4－10 Per Capital income of the Large and Medium Star－ranked Hotels in China ········· *150*

Ⅴ. Large and Medium Starless Hotels

6－5－1 General Information of the Large and Medium Starless Hotels in China ········· *151*

6－5－2 Regional Distribution of the Large and Medium Starless Hotels in China ······ *152*

6－5－3 Economic Type of the Large and Medium Starless Hotels in China ············ *153*

6－5－4 Number of Rooms of the Large and Medium Starless Hotels in China ········· *154*

6－5－5 Sales Income of the Large and Medium Starless Hotels in China ··············· *155*

6－5－6 Composition of Sales Income of the Large and Medium Starless Hotels in China ········· *156*

6－5－7 Number of People Staying and Nights of the Large and Medium Starless Hotels in China ········· *157*

6－5－8 Year Income of One Room of the Large and Medium Starless Hotels in China ········· *158*

6－5－9 Per Capital Income of the Large and Medium Starless Hotels in China ········· *159*

1997年中国旅游涉外饭店经营统计公报

1997年,我国旅游涉外饭店数量和规模有进一步增长,劳动生产率有所提高,接待和创收能力进一步加强,出租率和利润率有所降低。

到1997年末,全国共有旅游涉外住宿设施(以下统称为旅游涉外饭店)5201家,比上年末增加783家;共拥有客房70.17万间,比上年末增加10.80万间,增长18.1%;床位141.17万张,比上年末增加21.20万张,增长17.8%。固定资产原值达1862亿元,比上年末增加518亿元,增长38.5%。

1997年,全国旅游涉外饭店营业收入总额为812.36亿元,比上年增长11.1%;上缴营业税40.71亿元,比上年增长9.8%;全员劳动生产率达7.83万元/人,比上年增长0.9%;年平均客房出租率为53.78%,比上年下降1.49个百分点。

一、全国旅游涉外饭店的构成情况

(一)按经济类型划分

按经济类型划分,在5201座旅游涉外饭店中,有3343座国有饭店,占全国旅游涉外饭店总数的64.3%;有726座集体经济饭店,占14.0%;有464座外商投资饭店,占8.9%;有270座港澳台投资饭店,占5.2%,这四种经济类型的饭店共占全部饭店的92.3%。此外,还有223座股份制饭店,78座联营饭店,97座私营饭店,这三种经济类型的饭店共398座,占全部饭店数的7.7%。

从客房间数来看,国有饭店共有42.18万间客房,占全国旅游涉外饭店客房总数的60.1%;集体经济饭店共有5.98万间客房,占8.5%;外商投资饭店共有8.39万间,占12.0%;港澳台投资饭店共有9.44万间客房,占13.5%。这四种经济类型的饭店客房占全部饭店客房的94.0%。此外,股份制饭店共有2.64万间客房,联营饭店共有0.91万间客房,私营饭店共有0.63万间客房,这三种经济类型的饭店客房共有4.18万间,占全部饭店客房数的6.0%。

截至1997年底,全国旅游涉外饭店共拥有床位141.17万张,按床位数多少排列的情况是:(1)国有饭店87.26万张,占61.8%;(2)外商投资饭店15.08万张,占10.7%;(3)港澳台投资饭店18.03万张,占12.8%;(4)集体经济饭店12.35万张,占8.7%;(5)股份制饭店5.25万张,占3.7%;(6)联营饭店1.97万张,占1.4%;(7)私营饭店1.22万张,占0.9%。

(二)按规模划分

按饭店规模大小划分的情况是:(1)客房数在500间以上的饭店96座,共有14.15万间客房,占全国旅游涉外饭店客房总数的20.2%;(2)客房数在300－499间的饭店267座,共有9.93万间客房,占14.1%;(3)客房数在200－299间的饭店464座,共有11.16万间客房,占15.9%;(4)客房数在100－199间的饭店1519座,共有21.07万间客房,占30.0%;(5)客房数在 100 间以下的饭店 2855 座，共有 13.86 万间客房，占 19.8%。

二、分地区的旅游涉外饭店情况

全国 5201 座旅游涉外饭店分布于 31 个省、自治区、直辖市，具体情况如下：

（一）按拥有旅游涉外饭店座数多少排列，位居全国前十名的地区是：(1)广东 1114 座；(2)江苏 342 座；(3)北京 338 座；(4)山东 306 座；(5)浙江 297 座；(6)湖北 225 座；(7)辽宁 218 座；(8)云南 190 座；(9)海南 183 座；(10)安徽 174 座。

（二）按拥有旅游涉外饭店客房间数多少排列，位居全国前十名的地区是：(1)广东 19.35 万间；(2)北京 5.85 万间；(3)江苏 3.95 万间；(4)浙江 3.57 万间；(5)山东 3.39 万间；(6)上海 3.08 万间；(7)辽宁 2.76 万间；(8)湖北 2.36 万间；(9)四川 2.24 万间；(10)广西 2.21 万间。

（三）按拥有国有旅游涉外饭店座数多少排列，位居前十名的地区是：(1)广东 558 座；(2)江苏 257 座；(3)山东 236 座；(4)湖北 173 座；(5)北京 172 座；(6)浙江 158 座；(7)四川 132 座；(8)安徽 127 座；(9)辽宁 124 座；(10)云南 122 座。

（四）按拥有外商投资和港澳台投资旅游涉外饭店座数多少排列，位居全国前十名的地区是：(1)广东 221 座；(2)北京 81 座；(3)辽宁 58 座；(4)福建 42 座；(5)广西 36 座；(6)山东、海南各 33 座；(7)浙江、江苏各 31 座；(8)上海、天津各 25 座。

（五）按拥有星级旅游涉外饭店座数多少排列，位居全国前十名的地区是：(1)广东 408 座；(2)北京 250 座；(3)江苏 174 座；(4)山东 127 座；(5)辽宁 125 座；(6)湖北 122 座；(7)上海 117 座；(8)浙江 100 座；(9)四川 97 座；(10)云南 95 座。

三、全国旅游涉外饭店的营业收入情况

1997 年，全国旅游涉外饭店营业收入达 821.36 亿元，比上年增长 11.1%。

（一）按经济类型划分

1997 年，在全国 5201 座旅游涉外饭店中，国有饭店营业收入 369.13 亿元，比上年增长 7.3%；集体经济饭店营业收入 44.92 亿元，比上年增长 24.4%；外商投资和港澳台投资饭店营业收入 351.32 亿元，比上年增长 9.5%；股份制饭店营业收入 29.61 亿元；联营饭店营业收入 10.75 亿元；私营饭店营业收入 6.63 亿元。

（二）按规模划分

按饭店规模大小划分的情况是：(1)客房数在 500 间以上的饭店年营业收入 193.53 亿元，比上年增长 12.0%；(2)客房数在 300－499 间的饭店年营业收入 148.93 亿元，比上年增长 5.0%；(3)客房数在 200－299 间的饭店年营业收入 143.91 亿元，比上年增长 19.5%；(4)客房数在 100－199 间的饭店年营业收入 174.37 亿元，比上年增长 8.1%；(5)客房数在 100 间以下的饭店年营业收入 151.62 亿元，比上年增长 12.2%。

（三）按地区划分

1997 年，各省、自治区、直辖市旅游涉外饭店按营业收入情况排列如下：(1)广东 231.81

亿元;(2)北京 144.79 亿元;(3)上海 69.91 亿元;(4)浙江 51.08 亿元;(5)江苏 49.41 亿元;(6)山东 31.37 亿元;(7)辽宁 26.57 亿元;(8)福建 20.68 亿元;(9)湖北 19.96 亿元;(10)广西 14.55 亿元;(11)四川 13.55 亿元;(12)天津 13.33 亿元;(13)河北 12.44 亿元;(14)海南 12.23 亿元;(15)湖南 11.90 亿元;(16)安徽 10.81 亿元;(17)河南 10.59 亿元;(18)云南 10.29 亿元;(19)陕西 8.97 亿元;(20)吉林 8.35 亿元;(21)重庆 7.46 亿元;(22)江西 5.36 亿元;(23)新疆 4.95 亿元;(24)山西 4.68 亿元;(25)黑龙江 3.90 亿元;(26)贵州 3.63 亿元;(27)甘肃 3.39 亿元;(28)内蒙古 3.20 亿元;(29)西藏 1.25 亿元;(30)青海 1.00 亿元;(31)宁夏 0.95 亿元。

四、全国旅游涉外饭店的客房出租率情况

1997 年,全国旅游涉外饭店平均客房出租率为 53.78%,比上年下降 1.49 个百分点。其中,星级饭店全年客房出租率为 56.08%。在星级饭店中,五星级饭店的客房出租率达 62.92%,四星级饭店的客房出租率达 61.04%。

(一)按经济类型划分

1997 年,在全国 5201 座旅游涉外饭店中,国有饭店平均客房出租率 52.43%;集体经济饭店 50.24%;外商投资饭店 58.12%;港澳台投资饭店 59.57%;股份制饭店 54.05%;联营饭店 50.86%;私营饭店 50.40%。

(二)按规模划分

按饭店规模大小划分的情况是:(1)客房数在 500 间以上的饭店平均客房出租率为 60.38%;(2)客房数在 300 - 499 间的饭店平均客房出租率为 57.91%;(3)客房数在 200 - 299 间的饭店平均客房出租率为 54.67%;(4)客房数在 100 - 199 间的饭店平均客房出租率为 51.62%;(5)客房数在 100 间以下的饭店平均客房出租率为 49.90%。

五、全国旅游涉外饭店上缴的营业税金

1997 年全国旅游涉外饭店共上缴营业税金 40.71 亿元,比上年增长 9.8%。

(一)按经济类型划分,国有饭店上缴营业税金 18.05 亿元,集体经济饭店上缴营业税金 2.40 亿元,外商投资饭店和港澳台投资饭店上缴营业税金 17.76 亿元,股份制饭店上缴营业税金 1.56 亿元,联营饭店上缴营业税金 0.54 亿元,私营饭店上缴营业税金 0.38 亿元。

(二)按规模划分,客房数在 500 间以上的饭店上缴营业税金 10.49 亿元,客房数在 300 - 499 间的饭店上缴营业税金 7.27 亿元,客房数在 200 - 299 间的饭店上缴营业税金 6.43 亿元,客房数在 100 - 199 间的饭店上缴营业税金 8.83 亿元,客房数在 100 间以下的饭店上缴营业税金 7.69 亿元。

六、全国旅游涉外饭店的全员劳动生产率

1997 年,全国旅游涉外饭店的全员劳动生产率为 7.83 万元 /人,比上年增加 0.07 万元 /

人。

全员劳动生产率位居全国前十名的地区是:(1)北京 12.99 万元 /人;(2)上海 12.79 万元 /人;(3)广东 9.79 万元 /人;(4)湖南 9.10 万元 /人;(5)浙江 8.37 万元 /人;(6)重庆 7.69 万元 /人;(7)天津 7.41 万元 /人;(8)江苏 7.08 万元 /人;(9)陕西 7.00 万元 /人;;(10)福建 6.55 万元 /人。

七、全国旅游涉外饭店的职工人数

截至 1997 年底,全国旅游涉外饭店已拥有职工人数 103.81 万人。

旅游涉外饭店职工人数位居全国前十名的地区是:(1)广东 23.68 万人;(2)北京 11.14 万人;(3)江苏 6.98 万人;(4)浙江 6.10 万人;(5)上海 5.47 万人;(6)山东 5.07 万人;(7)辽宁 4.69 万人;(8)湖北 3.90 万人;(9)四川 3.59 万人;(10)广西 3.52 万人。

第一辑

综合统计及排序

PART ONE

GENERAL STATISTICS AND LISTING

1－1　全国旅游涉外饭店综合情况

饭店经济类型 规模、星级		饭店数(座)	房间数(间)	床位数(张)	客房出租率(%)	营业收入(万元)	营业税金(万元)	固定资产(万元)
饭店经济类型	**合　计**	**5 201**	**701 736**	**1 411 708**	**53.78**	**8 123 591.86**	**407 063.99**	**18 617 322.65**
	国有经济	3 343	421 800	872 645	52.43	3 691 317.86	180 534.01	8 477 119.04
	集体经济	726	59 821	123 492	50.24	449 243.65	24 032.13	1 184 647.75
	私营经济	97	6 265	12 210	50.11	66 270.00	3 794.60	157 574.64
	联营经济	78	9 142	19 697	50.86	107 481.42	5 436.19	327 315.50
	股份制经济	223	26 430	52 536	54.05	296 096.90	15 647.42	976 734.87
	外商投资经济	464	83 860	150 838	58.12	2 115 284.01	104 584.99	5 009 666.37
	港澳台投资	270	94 418	180 290	59.57	1 397 898.02	73 034.65	2 484 264.48
饭店规模	**合　计**	**5 201**	**701 736**	**1 411 708**	**53.78**	**8 123 591.86**	**407 063.99**	**18 617 322.65**
	500 间以上	96	141 500	274 620	60.38	1 935 263.50	104 901.19	3 190 817.86
	300－499 间	267	99 268	185 147	57.91	1 489 279.46	72 730.78	3 870 355.22
	200－299 间	464	111 620	219 137	54.67	1 439 086.10	64 299.89	3 281 894.24
	100－199 间	1 519	210 736	438 222	51.62	1 743 725.70	88 258.60	4 554 472.68
	1－99 间	2 855	138 612	294 582	49.90	1 516 237.10	76 873.53	3 719 782.65
	其中:29 间以下	779	3 507	7 993	47.23	434 950.01	22 240.18	1 186 613.29
饭店星级	**合　计**	**5 201**	**701 736**	**1 411 708**	**53.78**	**8 123 591.86**	**407 063.99**	**18 617 322.65**
	星级饭店小计	2 724	403 570	796 038	56.08	5 623 086.93	273 118.37	12 174 343.40
	五星级	57	29 131	49 591	62.92	1 195 415.07	60 395.98	2 424 810.54
	四星级	157	54 036	96 802	61.04	1 341 127.22	63 549.22	2 849 538.79
	三星级	895	157 312	305 925	56.86	2 071 722.11	99 258.43	4 594 800.80
	二星级	1 339	143 656	301 024	52.69	931 569.99	45 155.55	2 134 381.27
	一星级	276	19 435	42 696	48.61	83 252.54	4 759.19	170 812.00
	未评星级饭店	2 447	298 166	615 670	50.38	2 500 504.93	133 945.62	6 442 979.25

1-2 全国旅游涉外饭店的地区分布

地　区	饭店数（座）	房间数（间）	床位数（张）	客房出租率（%）	营业收入（万元）	固定资产原值（万元）
合　计	**5 201**	**701 736**	**1 411 708**	**53.78**	**8 123 591.86**	**18 617 322.65**
北　京	338	58 526	107 379	59.37	1 447 905.72	3 659 911.75
天　津	77	10 037	19 088	46.87	133 336.24	268 064.88
河　北	118	15 565	32 991	44.52	124 362.14	225 180.99
山　西	63	7 834	16 447	51.75	46 769.40	102 388.13
内蒙古	47	5 276	11 666	55.07	32 000.29	49 844.90
辽　宁	218	27 594	52 318	52.20	265 682.22	956 621.73
吉　林	102	10 616	21 731	46.17	83 519.97	377 986.77
黑龙江	121	11 844	25 658	46.02	39 020.70	232 704.88
上　海	127	30 763	55 118	62.58	699 143.86	1 464 047.09
江　苏	342	39 496	77 227	51.16	494 055.33	1 094 632.56
浙　江	297	35 731	69 518	55.21	510 761.26	974 019.12
安　徽	174	16 532	37 566	48.15	108 116.80	255 928.63
福　建	151	18 600	36 399	53.88	206 768.85	450 583.13
江　西	61	8 120	16 810	52.64	53 575.48	100 274.29
山　东	306	33 941	68 621	44.44	313 688.10	773 969.32
河　南	101	15 406	33 472	61.77	105 886.14	150 217.28
湖　北	225	23 592	49 230	52.61	199 606.34	482 649.04
湖　南	148	12 857	28 085	43.14	119 011.86	185 645.25
广　东	1 114	193 543	385 752	57.01	2 318 140.03	3 902 559.21
广　西	168	22 108	44 652	51.14	145 508.63	470 329.63
海　南	183	19 004	36 776	47.68	122 317.30	586 886.27
重　庆	48	5 740	14 775	51.31	74 635.94	152 778.20
四　川	165	22 380	46 225	49.32	135 542.36	811 960.15
贵　州	45	6 361	14 962	61.55	36 259.33	92 867.76
云　南	190	14 883	32 562	55.19	102 884.37	204 665.04
西　藏	26	2 392	5 145	34.33	12 503.56	55 357.87
陕　西	72	12 072	25 461	55.93	89 681.29	273 850.40
甘　肃	38	5 618	11 738	58.67	33 939.67	114 065.04
青　海	13	1 685	3 533	50.40	9 963.97	30 570.12
宁　夏	20	2 124	4 571	42.32	9 530.72	21 161.57
新　疆	103	11 496	26 232	46.45	49 473.99	95 601.65

1－3　全国旅游涉外饭店的经济类型

单位:座

地　　区	总　计	国有经济	集体经济	私营经济	联营经济	股 份 制	外商投资	港 澳 台
合　计	**5 201**	**3 343**	**726**	**97**	**78**	**223**	**464**	**270**
北　京	338	172	55	2	1	27	81	0
天　津	77	39	11	1	0	1	25	0
河　北	118	115	1	0	0	0	2	0
山　西	63	47	10	1	0	5	0	0
内蒙古	47	39	5	0	0	0	2	1
辽　宁	218	124	25	2	1	8	26	32
吉　林	102	78	4	1	0	1	16	2
黑龙江	121	100	8	2	3	3	4	1
上　海	127	81	8	0	5	8	11	14
江　苏	342	257	40	1	2	11	16	15
浙　江	297	158	57	5	7	39	18	13
安　徽	174	127	16	2	3	6	12	8
福　建	151	82	14	5	5	3	19	23
江　西	61	52	2	0	0	1	0	6
山　东	306	236	25	3	1	8	24	9
河　南	101	88	7	0	2	3	1	0
湖　北	225	173	15	2	0	18	6	11
湖　南	148	112	22	0	0	2	6	6
广　东	1 114	558	242	47	27	19	118	103
广　西	168	100	18	1	1	12	22	14
海　南	183	58	39	9	15	29	28	5
重　庆	48	38	3	1	0	0	6	0
四　川	165	132	13	3	1	9	4	3
贵　州	45	41	1	0	0	0	3	0
云　南	190	122	52	6	2	3	4	1
西　藏	26	12	13	1	0	0	0	0
陕　西	72	50	6	1	2	6	4	3
甘　肃	38	36	0	0	0	0	2	0
青　海	13	12	1	0	0	0	0	0
宁　夏	20	19	0	0	0	0	1	0
新　疆	103	85	13	1	0	1	3	0

1－4 全国旅游涉外饭店的客房规模

单位:座

地　区	总　计	客房间数 500 以上	客房间数 300－499	客房间数 200－299	客房间数 100－199	客房间数 99 以下
合　计	**5 201**	**96**	**267**	**464**	**1 519**	**2 855**
北　京	338	21	45	40	69	163
天　津	77	1	4	9	25	38
河　北	118	3	4	13	47	51
山　西	63	0	3	3	29	28
内蒙古	47	0	3	4	10	30
辽　宁	218	3	12	19	70	114
吉　林	102	0	6	6	29	61
黑龙江	121	0	4	11	29	77
上　海	127	14	20	23	52	18
江　苏	342	1	15	23	129	174
浙　江	297	4	9	26	113	145
安　徽	174	0	2	6	60	106
福　建	151	1	6	23	45	76
江　西	61	0	2	10	26	23
山　东	306	2	11	25	89	179
河　南	101	8	4	11	23	55
湖　北	225	0	6	16	80	123
湖　南	148	0	4	12	38	94
广　东	1 114	25	43	91	227	728
广　西	168	1	15	21	42	89
海　南	183	0	10	18	47	108
重　庆	48	0	3	8	18	19
四　川	165	2	9	20	71	63
贵　州	45	2	3	1	12	27
云　南	190	0	4	6	53	127
西　藏	26	2	1	0	4	19
陕　西	72	5	10	7	15	35
甘　肃	38	1	5	3	12	17
青　海	13	0	2	1	1	9
宁　夏	20	0	0	2	6	12
新　疆	103	0	2	6	48	47

1－5 全国旅游涉外饭店的星级构成

单位:座

地区	星级饭店数	五星级	四星级	三星级	二星级	一星级
合计	**2 724**	**57**	**157**	**895**	**1 339**	**276**
北京	250	16	26	60	110	38
天津	52	1	4	23	21	3
河北	87	0	1	30	54	2
山西	44	0	2	9	31	2
内蒙古	31	0	0	8	18	5
辽宁	125	2	7	41	52	23
吉林	72	0	2	18	41	11
黑龙江	87	0	0	23	39	25
上海	117	7	15	41	42	12
江苏	174	1	13	80	76	4
浙江	100	0	6	62	32	0
安徽	72	0	1	17	47	7
福建	91	0	6	42	39	4
江西	49	0	1	18	28	2
山东	127	3	9	54	56	5
河南	93	0	0	32	59	2
湖北	122	0	4	45	56	17
湖南	82	1	2	18	45	16
广东	408	15	32	145	190	26
广西	58	3	2	27	22	4
海南	47	2	8	20	13	4
重庆	25	0	2	11	10	2
四川	97	2	2	22	59	12
贵州	37	0	0	3	25	9
云南	95	0	5	7	65	18
西藏	13	0	0	4	5	4
陕西	45	4	5	15	15	6
甘肃	38	0	1	11	23	3
青海	13	0	0	1	10	2
宁夏	8	0	0	1	7	0
新疆	65	0	1	7	49	8

1-6 全国旅游涉外饭店的营业收入总额

地区	汇总单位（座）	营业收入（万元）	# 客房（万元）	# 餐饮（万元）	# 商品（万元）
合计	**5 201**	**8 123 591.86**	**3 681 819.53**	**2 573 595.87**	**579 183.37**
北京	338	1 447 905.72	543 407.76	290 404.86	124 907.75
天津	77	133 336.24	65 361.40	30 631.46	5 273.12
河北	118	124 362.14	48 132.10	50 453.62	10 878.59
山西	63	46 769.40	24 946.32	17 806.13	1 820.78
内蒙古	47	32 000.29	14 070.85	12 540.72	3 068.64
辽宁	218	265 682.22	140 044.33	91 930.21	8 407.04
吉林	102	83 519.97	39 776.94	32 871.55	2 973.24
黑龙江	121	39 020.70	23 557.82	11 723.02	689.19
上海	127	699 143.86	377 422.86	206 722.87	38 367.95
江苏	342	494 055.33	200 461.98	184 132.28	60 893.19
浙江	297	510 761.26	189 342.69	177 953.97	95 508.49
安徽	174	108 116.80	53 345.47	40 932.90	7 909.85
福建	151	206 768.85	94 014.24	68 558.98	18 414.74
江西	61	53 575.48	28 881.81	18 585.19	1 671.21
山东	306	313 688.10	132 614.39	137 143.56	15 480.37
河南	101	105 886.14	51 758.26	44 137.94	2 466.05
湖北	225	199 606.34	98 032.43	73 204.99	11 524.15
湖南	148	119 011.86	54 726.62	46 191.82	2 334.90
广东	1 114	2 318 140.03	1 088 725.95	765 532.85	117 081.97
广西	168	145 508.63	64 299.59	63 613.59	5 734.01
海南	183	122 317.30	68 329.35	38 009.48	1 840.59
重庆	48	74 635.94	36 250.77	20 041.48	8 565.10
四川	165	135 542.36	71 877.50	44 259.03	6 461.98
贵州	45	36 259.33	17 200.29	10 759.49	3 757.70
云南	190	102 884.37	48 260.75	28 602.41	11 363.08
西藏	26	12 503.56	6 678.76	3 990.75	321.40
陕西	72	89 681.29	48 104.60	27 091.36	4 363.50
甘肃	38	33 939.67	16 455.97	11 361.30	3 591.73
青海	13	9 963.97	4 523.63	3 135.44	1 442.69
宁夏	20	9 530.72	3 909.03	4 395.31	306.07
新疆	103	49 473.99	27 302.07	16 873.01	1 764.30

1－7　全国旅游涉外饭店的营业收入构成

地　区	汇总单位（座）	营业收入（万元）	#客房（%）	#餐饮（%）	#商品（%）
合　计	**5 201**	**8 123 591.86**	**45.32**	**31.68**	**7.13**
北　京	338	1 447 905.72	37.53	20.06	8.63
天　津	77	133 336.24	49.02	22.97	3.95
河　北	118	124 362.14	38.70	40.57	8.75
山　西	63	46 769.40	53.34	38.07	3.89
内蒙古	47	32 000.29	43.97	39.19	9.59
辽　宁	218	265 682.22	52.71	34.60	3.16
吉　林	102	83 519.97	47.63	39.36	3.56
黑龙江	121	39 020.70	60.37	30.04	1.77
上　海	127	699 143.86	53.98	29.57	5.49
江　苏	342	494 055.33	40.57	37.27	12.33
浙　江	297	510 761.26	37.07	34.84	18.70
安　徽	174	108 116.80	49.34	37.86	7.32
福　建	151	206 768.85	45.47	33.16	8.91
江　西	61	53 575.48	53.91	34.69	3.12
山　东	306	313 688.10	42.28	43.72	4.93
河　南	101	105 886.14	48.88	41.68	2.33
湖　北	225	199 606.34	49.11	36.67	5.77
湖　南	148	119 011.86	45.98	38.81	1.96
广　东	1 114	2 318 140.03	46.97	33.02	5.05
广　西	168	145 508.63	44.19	43.72	3.94
海　南	183	122 317.30	55.86	31.07	1.50
重　庆	48	74 635.94	48.57	26.85	11.48
四　川	165	135 542.36	53.03	32.65	4.77
贵　州	45	36 259.33	47.44	29.67	10.36
云　南	190	102 884.37	46.91	27.80	11.04
西　藏	26	12 503.56	53.41	31.92	2.57
陕　西	72	89 681.29	53.64	30.21	4.87
甘　肃	38	33 939.67	48.49	33.47	10.58
青　海	13	9 963.97	45.40	31.47	14.48
宁　夏	20	9 530.72	41.02	46.12	3.21
新　疆	103	49 473.99	55.18	34.10	3.57

1-8 全国旅游涉外饭店的住宿人数和人天数

地区	汇总单位（座）	住宿人数			住宿人天数		
		总人数（万人）	海外旅游者（万人）	海外占百分比（%）	住宿人天数（万人夜）	海外旅游者（万人夜）	海外占百分比（%）
合计	**5 201**	**12 892.21**	**2 184.74**	**16.95**	**23 822.98**	**5 298.02**	**22.24**
北京	338	533.53	229.84	53.08	1 664.01	843.31	50.68
天津	77	87.27	28.04	32.13	239.31	96.68	40.40
河北	118	253.44	32.17	12.69	396.37	77.85	19.64
山西	63	168.98	12.53	7.42	331.98	26.20	7.89
内蒙古	47	163.35	32.71	20.03	306.66	69.67	22.72
辽宁	218	295.60	38.80	13.12	618.63	140.32	22.68
吉林	102	142.56	20.04	14.06	282.42	36.76	13.02
黑龙江	121	210.36	34.19	16.25	358.60	65.79	18.35
上海	127	331.42	165.35	49.89	1 141.81	641.98	56.22
江苏	342	721.69	101.70	14.09	1 307.33	234.71	17.95
浙江	297	688.04	81.15	11.79	1 083.77	192.77	17.79
安徽	174	318.54	29.04	9.12	480.69	43.28	9.00
福建	151	296.76	115.05	38.77	540.00	421.19	77.81
江西	61	–	13.34	–	–	30.02	–
山东	306	510.10	58.50	11.47	906.59	117.95	13.01
河南	101	998.84	26.44	2.65	1 236.59	61.05	4.94
湖北	225	461.25	58.02	12.58	703.28	94.97	13.50
湖南	148	606.61	30.16	4.97	1 305.26	85.22	6.53
广东	1 114	3 664.78	739.16	20.17	6 761.49	1 313.44	19.43
广西	168	416.35	57.31	13.77	738.25	108.92	14.75
海南	183	406.91	41.28	10.14	560.91	58.56	10.44
重庆	48	97.55	26.12	26.77	149.52	71.33	47.70
四川	165	380.77	25.52	6.70	636.07	55.96	8.80
贵州	45	165.79	15.02	9.06	333.14	30.56	9.17
云南	190	459.43	80.54	17.53	730.32	136.42	18.68
西藏	26	29.46	8.18	27.77	59.67	26.73	44.80
陕西	72	122.08	53.94	44.19	286.55	141.35	49.33
甘肃	38	99.97	11.63	11.63	175.85	20.31	11.55
青海	13	43.04	1.28	2.98	74.97	2.16	2.88
宁夏	20	38.02	0.42	1.11	79.55	1.10	1.38
新疆	103	179.72	17.25	9.60	333.59	52.50	15.75

1－9 全国旅游涉外饭店的每间客房年收入

地　区	汇总单位(座)	饭店规模		出租率(%)	每间客房年收入(万元)	每间客房年接待人数(人)	每间客房年接待人天数(人天)
		客房数(间)	床位数(张)				
合　计	**5 201**	**701 736**	**1 411 708**	**53.78**	**11.58**	**178**	**323**
北　京	338	58 526	107 379	59.37	24.74	91	284
天　津	77	10 037	19 088	46.87	13.28	86	238
河　北	118	15.565	32 991	44.52	7.99	162	255
山　西	63	7 834	16 447	51.75	5.97	215	424
内蒙古	47	5 276	11 666	55.07	6.07	309	581
辽　宁	218	27 594	52 318	52.20	9.63	107	224
吉　林	102	10 616	21 731	46.17	7.87	134	266
黑龙江	121	11 844	25 658	46.02	3.29	177	303
上　海	127	30 763	55 118	62.58	22.73	－	－
江　苏	342	39 496	77 227	51.16	12.51	182	331
浙　江	297	35 731	69 518	55.21	14.29	192	303
安　徽	174	16 532	37 566	48.15	6.54	192	291
福　建	151	18 600	36 399	53.88	11.12	159	290
江　西	61	8 120	16 810	52.64	6.60	－	－
山　东	306	33 941	68 621	44.44	9.24	150	267
河　南	101	15 406	33 472	61.77	6.87	－	－
湖　北	225	23 592	49 230	52.61	8.46	195	298
湖　南	148	12 857	28 085	53.14	9.26	－	－
广　东	1 114	193 543	385 752	57.01	11.98	189	349
广　西	168	22 108	44 652	51.14	6.58	188	334
海　南	183	19 004	36 776	47.68	6.44	214	295
重　庆	48	5 740	14 775	51.31	13.00	169	260
四　川	165	22 380	46 225	49.32	6.06	170	284
贵　州	45	6 361	14 962	61.55	5.70	260	524
云　南	190	14 883	32 562	55.19	6.91	308	491
西　藏	26	2 392	5 145	34.33	5.23	123	249
陕　西	72	12 072	25 461	55.93	7.43	101	237
甘　肃	38	5 618	11 738	58.67	6.04	177	313
青　海	13	1 685	3 533	50.40	5.91	255	445
宁　夏	20	2 124	4 571	42.32	4.49	179	375
新　疆	103	11 496	26 232	46.45	4.30	156	290

1－10 全国旅游涉外饭店的人均效益

地区	全员劳动生产率(万元/人)	人均实现利润(万元/人)	人均实现利税(万元/人)	人均占用固定资产原值(万元/人)	职工人数(人)
合计	**7.83**	**0.08**	**0.47**	**17.94**	**1 038 053**
北京	12.99	1.57	2.20	32.84	111 446
天津	7.41	－0.24	0.13	14.89	18 000
河北	6.36	0.11	0.45	11.51	19 557
山西	3.80	－0.06	0.13	8.33	12 297
内蒙古	4.88	－0.11	0.15	7.60	6 557
辽宁	5.67	－0.67	－0.39	20.41	46 873
吉林	4.68	－1.48	－1.25	21.19	17 842
黑龙江	1.81	－0.11	－0.03	10.79	21 565
上海	12.79	1.25	1.91	26.77	54 680
江苏	7.08	－0.20	0.11	15.69	69 844
浙江	8.37	－0.04	0.32	15.96	61 014
安徽	4.41	－0.06	0.16	10.45	24 498
福建	6.55	－0.24	0.13	14.28	31 560
江西	5.57	－0.02	0.26	10.43	9 611
山东	6.19	－0.76	－0.45	15.28	50 668
河南	5.03	0.06	0.37	7.13	21 064
湖北	5.12	－0.06	0.17	12.37	39 018
湖南	9.10	0.16	0.61	14.20	13 072
广东	9.79	0.38	0.90	16.48	236 770
广西	4.14	－1.20	－0.99	13.37	35 167
海南	4.75	－1.77	－1.50	22.79	25 753
重庆	7.69	－0.03	0.38	15.75	9 703
四川	3.78	－0.08	0.13	22.63	35 877
贵州	4.53	－0.01	0.23	11.61	7 999
云南	6.18	－0.06	0.24	12.29	16 651
西藏	4.77	0.43	0.67	21.10	2 624
陕西	7.00	－2.24	－1.89	21.38	12 809
甘肃	3.69	－0.15	0.04	12.40	9 196
青海	3.58	－0.78	－0.62	10.99	2 782
宁夏	3.16	－0.19	－0.02	7.02	3 015
新疆	4.69	－0.27	－0.02	9.07	10 541

1－11　全国旅游涉外饭店营业收入前一百名排序

单位：万元

序号	饭 店 名 称	地　　区	营业收入
1	丽都假日饭店	北京市	66 273.99
2	花园酒店	广东省广州市	54 971.00
3	中国大酒店	广东省广州市	51 140.00
4	金陵饭店	江苏省南京市	51 004.04
5	凯宾斯基饭店	北京市	46 344.10
6	白天鹅宾馆	广东省广州市	46 070.04
7	王府饭店	北京市	43 460.20
8	中国大饭店	北京市	42 898.34
9	静安希尔顿酒店	上海市	42 456.39
10	东方宾馆	广东省广州市	37 155.96
11	长城饭店	北京市	36 885.88
12	花园饭店	上海市	36 039.00
13	京广中心	北京市	34 676.14
14	波特曼香格里拉酒店	上海市	34 517.50
15	广东国际大酒店	广东省广州市	32 851.10
16	阳光酒店	广东省深圳市	30 586.67
17	昆仑饭店	北京市	30 135.00
18	香格里拉饭店	北京市	29 298.00
19	威斯汀太平洋大饭店	上海市	28 610.00
20	友谊宾馆	北京市	27 463.17
21	长富宫中心	北京市	26 419.00
22	扬子江大酒店	上海市	24 789.00
23	亮马河大厦	北京市	24 322.00
24	港澳中心	北京市	23 252.00
25	香格里拉大酒店	广东省深圳市	22 934.00
26	华亭宾馆	上海市	22 574.21
27	大连富丽华大酒店	辽宁省大连市	21 980.00
28	新世纪饭店	北京市	21 960.54
29	北京饭店	北京市	21 825.40
30	新锦江大酒店	上海市	21 048.00
31	国际饭店	北京市	19 984.60
32	锦沧文华大酒店	上海市	19 715.34
33	建国饭店	北京市	19 304.54
34	希尔顿酒店	北京市	18 876.54
35	银星宾馆	上海市	18 266.17

1-11续表1 单位:万元

序号	饭店名称	地区	营业收入
36	西苑饭店	北京市	17 904.96
37	国际贵都大酒店	上海市	17 886.92
38	京伦饭店	北京市	17 466.00
39	深圳湾大酒店	广东省深圳市	17 432.87
40	珠海度假村	广东省珠海市	17 276.00
41	中山大厦	江苏省南京市	16 605.83
42	锦江饭店	上海市	16 228.82
43	银河宾馆	上海市	16 180.85
44	白云宾馆	广东省广州市	16 070.73
45	国际大厦	河北省石家庄市	15 846.00
46	华天大酒店	湖南省长沙市	15 820.25
47	机场宾馆	广东省广州市	15 547.22
48	重庆宾馆	重庆市	15 501.00
49	钓鱼台宾馆	北京市	15 356.02
50	和平饭店	上海市	15 306.80
51	五洲大酒店	北京市	15 035.00
52	佛山宾馆	广东省佛山市	14 652.11
53	沈阳商贸饭店	辽宁省沈阳市	14 560.00
54	凯悦饭店	天津市	14 506.00
55	国贸饭店	北京市	14 441.54
56	海仑宾馆	上海市	14 439.15
57	虹桥宾馆	上海市	14 088.05
58	国际金融大厦(银都)	广东省珠海市	14 014.95
59	喜来登大酒店	天津市	14 000.25
60	杭州香格里拉饭店	浙江省杭州市	13 887.23
61	华厦大酒店	广东省广州市	13 657.63
62	海天大酒店	山东省青岛市	13 386.58
63	华泰宾馆	广东省广州市	13 362.85
64	新都酒店	广东省深圳市	13 186.50
65	金海湾大酒店	广州省汕头市	13 061.75
66	保利大厦	北京市	12 674.20
67	建国宾馆	上海市	12 508.28
68	锦江宾馆	四川省成都市	12 504.90
69	贵宾楼饭店	北京市	12 388.39
70	渔阳饭店	北京市	12 180.54

1－11 续表 2

单位:万元

序号	饭店名称	地区	营业收入
71	文化假日酒店	广东省广州市	12 168.90
72	凯莱大酒店	北京市	12 085.00
73	天伦王朝饭店	北京市	11 999.74
74	广州国际金融大厦	广东省广州市	11 985.15
75	番禺宾馆	广东省番禺市	11 869.00
76	晶都酒店	广东省深圳市	11 780.00
77	皇家大饭店	北京市	11 641.00
78	富苑酒店	广东省深圳市	11 562.08
79	国际机场宾馆	上海市	11 508.29
80	福州西湖大酒店	福建省福州市	11 465.59
81	流花宾馆	广东省广州市	11 397.00
82	皇冠假日酒店	四川省成都市	11 328.02
83	昆明饭店	云南省昆明市	11 283.65
84	萧山宾馆	浙江省萧山市	11 216.74
85	珠海海湾大酒店	广东省珠海市	11 178.45
86	金龙饭店	云南省昆明市	11 131.40
87	中心大酒店	江苏省南京市	10 996.50
88	上海世博会议大酒店	上海市	10 761.00
89	和平宾馆	北京市	10 725.61
90	珠海宾馆	广东省珠海市	10 650.00
91	广东迎宾馆	广东省广州市	10 524.52
92	扬子江假日饭店	重庆市	10 441.00
93	泰达国际酒店	天津市	10 196.40
94	亚洲大酒店	北京市	10 035.55
95	光明饭店	北京市	10 019.10
96	香格里拉饭店	吉林省长春市	9 994.00
97	玄武饭店	江苏省南京市	9 970.01
98	宝山宾馆	上海市	9 922.00
99	景星宾馆	广东省广州市	9 921.82
100	南海酒店	广东省南海市	9 897.40

广州花园酒店

广州花园酒店是目前国内最具规模的现代化五星级酒店之一，总投资近 10 亿元港币，于 1985 年 8 月 28 日正式开业。

花园酒店于 1995 年加入世界顶级酒店组织，成为该组织在中国的第一位成员。花园酒店位于广州市环市东路繁盛商业区，交通便利，四通八达，与火车站、渡轮码头、国际机场咫尺之隔。自 1985 年建成开业以来，其宏大的规模、融合中西文化精华的建筑设计、充满现代化都会光彩的豪华设施以及吸收国外酒店先进经验建立起来的系统化、标准化、科技化的管理服务，为改革开放之初的南国都市增添了壮丽的画图，因而成为我国现代化酒店行业的一个窗口。花园酒店 1992 年营业额居全国同行前列；1993 年在"500 家全国最大服务企业评价"中，成为广州地区唯一获此殊荣的企业；1994 年被国家旅游局评为"全国最佳星级饭店(五星)"；1994 至 1996 年度被评为全国 10 家外商投资先进饭店；1995 年及 1996 年连续被评为年度全国百家优秀星级饭店及全国优秀星级饭店五十佳。1996、1997 连续两年在国家旅游局发布的全国旅游涉外饭店营业收入前一百名排序中，花园酒店在总评榜中名列第二。

花园酒店由东西两栋大厦组成，拥有 1000 多间客、套房和 800 间写字楼及公寓。目前酒店建筑、整体环境与硬件服务设施属全国一流水平。从 1994 年至 1997 年酒店投资近 4 亿元进行全面装修，使酒店面貌焕然一新。1997 年末，酒店荣获国家旅游局颁发的"中国旅游标志性饭店建筑"称号和金奖特色客房、金奖大堂、金奖多功能厅、金奖饭店商场以及金奖饭店设备选择与配置共六项金奖。酒店大堂富丽堂皇，具有中西文化合璧的建筑风格和艺术特色，是东南亚地区最大的酒店大堂之一。豪华的会展大厅——国际会议中心亦居于大堂之内。12 间中西餐厅及酒吧，荟萃中、法、意、日等多国美食。在 30 楼的凌璇阁旋转餐厅，既可享用丰盛的自助美食，更可俯瞰广州全景。

花园酒店是一间商务型酒店，除了有相应完善的商务服务功能配套设施之外，酒店积极开拓国际市场，并向国际化标准的优质服务靠拢。全新的 24、25 楼商务楼层和 27、28 楼行政楼层专为商旅人士而设，设有楼层直接办理入住及退房服务、礼宾及 24 小时商务中心服务，备有会议室及整套现代化商务设施，并提供多项入住优惠服务。酒店商务中心专业设备一应俱全，为客人提供快捷方便的个人商务秘书服务；10 间豪华多功能宴会厅是举办各类会议、展览、招待会、培训等的理想场所。各厅装饰独特，既可作独立厅房，又可相互连通合并为大宴会厅，更可餐饮、会议及展示设施出租等五星级水准的多元化服务。其它设施包括规模宏大的地下三层停车场、大堂国际名牌商场、AMF 保龄球场、梦幻娱乐城、室外游泳池、壁球场、网球场、健康中心及美容院。此外，酒店并提供旅游、银行、汽车出租、书店、洗衣、代购飞机、火车、船、直通汽车票等多项服务。

广州花园酒店——非凡汇集，商务之最！

地　　址：中华人民共和国广州市环市东路 368 号

邮政编码：**510064**　　电　话：**(86－20)83338989**　　传　真：**(86－20)83350467**

E－mail：gzgarden@public.guangzhou.gd.cn　　http：//www.gardenhotel－guangzhou.com

白天鹅賓館

白天鹅宾馆座落在广州闹市中的“世外桃源”——榕荫如盖，风光旖旎的沙面岛的南边，濒临三江会聚的白鹅潭。宾馆独特的庭园式设计与周围幽雅的环境融为一体，一条专用引桥把宾馆与闹市中心联接起来，实为商旅人士下榻的最佳之处。

白天鹅宾馆拥有 843 间精心设计的客房，无论是标准房、豪华套房还是商务楼层，室内装潢及设计都经过深思熟虑，设备齐全，舒适温馨，处处显示出五星级宾馆的风范。从客房您更可饱览广州市容和珠江美景。别具特色的中西食府，为您提供中、法、日等精美菜肴。多功能国际会议中心是举办各类大小型会议、中西式酒会、餐舞会的理想场所。音乐厅、卡拉OK等娱乐场所，特邀著名乐队现场演奏，是闲暇消遣的最佳选择。另有健康中心、美容发型中心、商务中心、委托代办、票务中心等配设施，使您在馆居停方便、愉快。

白天鹅宾馆是中国第一间中外合作的五星级宾馆，也是我国第一家由中国人自行设计、施工、管理的大型现代化酒店，1985年被世界一流酒店组织接纳为在中国的首家成员，1990年被国家旅游局评为我国首批三家五星级酒店之一，1996年更荣列国家旅游局举办首次全国百优五十佳饭店评选榜首，并连续几年被国际旅游指南和国际著名杂志报刊评为国际商务人士到广州的首选酒店。

十五年来，白天鹅宾馆共接待了40多个国家级的元首和政府首脑，英女王伊丽莎白二世、美国总统布什、尼克松及卡斯特罗、基辛格、西哈努克、李光耀等名人都曾在此驻足，我国改革开放的总设计师邓小平更是三次莅临“白天鹅”，并亲笔题字，这在国内中外合作的高星级宾馆中是绝无仅有的。白天鹅宾馆在实践中把国际先进酒店的管理经验与中国的国情相结合，走出了一条融中西管理模式于一炉的酒店管理之路，使白天鹅宾馆以严谨、高效的管理和优质的服务享誉海内外。

湖光山色第一楼

福州西湖大酒店

FUZHOU LAKESIDE HOTEL

★★★

福州西湖大酒店

中国五十家最佳星级饭店

FIFTY BEST STAR-RATED HOTELS OF CHINA

中国名酒店组织首期会员

FOUNDATION MEMBER OF THE FAMOUS HOTELS OF CHINA

中国环境与艺术型标志性饭店

CHINA ENVIROMENTAL & ARTISTICLY SYMBOLIZED HOTEL

总经理邹子平（左）热情接待下榻酒店的美国前国务卿基辛格博士

General Manager Mr. Zou Zi-Ping(left) warmly welcomed the previous secretary of U.S.A Dr. Kissinger (right) to stay at the hotel.

高级商务房，被国家旅游局评为“中国旅游业标志性饭店客房金奖”。

DELUXE EXECUTIVE ROOM, has been honoured the golden medal of "Guestrooms of China Tourism Symbolized Hotels".

福州西湖大酒店是福建省唯一一家连续两年获“中国五十家最佳星级饭店”殊荣的涉外酒店，座落于西湖之畔，风景独好，是福建省独一无二的环境与艺术相得益彰的豪华商务型酒店。

西湖大酒店设施完善，吃、住、行、游、购、会议、商务、娱乐一条龙服务，其一流的服务、先进的设施倍受中外宾客推崇。为满足商务客人的需要，西酒对客房进行全新改造，新改建的高级商务房的豪华舒适程度堪称八闽酒店之冠。97年，西酒创下骄人的业绩：营业额高居福建省涉外酒店业榜首。98年，西酒人将一如既往地秉承“追求完美、至诚至善”的服务宗旨，用真情去演绎更辉煌的明天！

Fuzhou Lakeside Hotel is the only hotel to be awarde as a "Fifty Best Star-rated China Hotel" in Fujian. It is a luxurious internationalhotel located at the beautiful Fuzhou West Lake. With first-class service and advanced facilities, the hotel enjoys a high reputation with guests from around the world. To meet the requirements of guests, the hotel rooms are under reconstruction now. Th newly-redecorated executive rooms are reputed to be the most most luxurious in Fujian. In97, its revenue ra ed as NO. 1 in Fujian province. All Lakeside staff are c ntinually upgrading to provide guests with the most exc ellent service, looking forward to a brighter future.

总经理：邹子平　General Manager:Zou Zi-ping
地址：中国福州湖滨路子158号
电话Tel:(0591)7839888
邮编Postcode:350003
传真Fax:(0591)783
电传 Tlx:92255 FL

第二辑

国有饭店统计资料

PART TWO

STATISTICS

OF STATE－INVESTED HOTELS

2-1 全国国有旅游涉外饭店综合情况

饭店规模、星级		饭店数（座）	房间数（间）	床位数（张）	客房出租率（%）	营业收入（万元）	营业税金（万元）	固定资产（万元）
饭店规模	**合 计**	**3 343**	**421 800**	**872 645**	**52.43**	**3 691 317.86**	**180 534.01**	**8 477 119.04**
	500 间以上	54	68 471	137 325	58.15	707 342.39	36 424.00	1 305 679.36
	300－499 间	126	46 302	90 151	55.95	485 869.56	22 493.22	1 136 598.96
	200－299 间	274	65 443	132 182	53.60	607 092.32	28 847.96	1 515 281.33
	100－199 间	1 092	151 131	318 171	50.82	1 126 193.80	55 430.81	2 757 486.53
	1－99 间	1 797	90 453	194 816	49.25	764 819.79	37 338.02	1 762 072.86
	其中:29 间以下	451	1 831	4 326	46.87	148 045.94	7 724.69	293 539.85
饭店星级	**合 计**	**3 343**	**421 800**	**872 645**	**52.43**	**3 691 317.86**	**180 534.01**	**8 477 119.04**
	星级饭店小计	1 839	252 393	512 965	54.34	2 450 260.31	117 357.82	5 869 376.47
	五星级	7	4 540	8 228	61.46	168 131.87	6 367.43	684 075.84
	四星级	50	19 370	35 983	60.19	365 259.46	18 887.92	841 779.61
	三星级	536	98 317	193 648	55.84	1 141 712.56	54 943.79	2 533 812.58
	二星级	1 025	114 210	239 392	52.48	711 107.84	34 008.27	1 674 005.04
	一星级	221	15 956	35 714	47.78	64 048.58	3 150.41	135 703.40
	未评星级饭店	1 504	169 407	359 680	49.56	1 241 057.55	63 176.19	2 607 742.57

2-2 全国国有旅游涉外饭店的地区分布

地区	饭店数(座)	房间数(间)	床位数(张)	客房出租率(%)	营业收入(万元)	固定资产原值(万元)
合计	**3 343**	**421 800**	**872 645**	**52.43**	**3 691 317.86**	**8 477 119.04**
北京	172	29 999	57 399	56.60	412 349.77	1 127 141.18
天津	39	4 646	9 361	42.83	32 572.70	78 850.72
河北	115	15 286	32 424	44.22	122 521.94	217 101.75
山西	47	6 393	13 415	53.37	38 073.22	84 808.77
内蒙古	39	4 478	10 039	55.78	24 581.15	31 574.01
辽宁	124	14 073	28 537	50.41	101 745.10	323 959.69
吉林	78	7 912	16 879	46.42	49 297.88	197 827.70
黑龙江	100	9 318	20 366	43.75	28 728.29	178 115.01
上海	81	18 596	34 590	61.92	318 389.27	755 696.40
江苏	257	29 927	59 358	51.95	371 290.16	738 968.17
浙江	158	18 887	37 386	54.46	204 901.70	430 352.42
安徽	127	11 897	27 410	47.98	70 268.31	166 868.96
福建	82	9 832	19 946	52.45	81 015.49	172 660.79
江西	52	6 897	14 516	51.70	41 523.00	67 145.13
山东	236	24 457	51 031	43.62	204 442.66	515 244.99
河南	88	12 740	26 569	62.49	88 494.12	126 658.88
湖北	173	18 197	38 394	52.75	123 251.61	290 639.26
湖南	112	8 673	19 337	51.46	62 005.71	115 784.02
广东	558	87 982	178 540	55.68	883 312.98	1 332 462.45
广西	100	11 868	24 696	50.49	66 295.45	198 442.43
海南	58	4 873	9 590	47.99	21 557.56	89 736.90
重庆	38	3 700	10 979	50.65	33 098.86	53 047.66
四川	132	17 772	37 159	48.20	93 321.69	632 804.95
贵州	41	5 657	13 279	60.02	26 224.99	76 037.69
云南	122	9 906	22 032	53.99	56 983.05	114 651.77
西藏	12	1 037	2 199	34.51	9 560.23	41 314.37
陕西	50	8 300	16 699	55.18	43 388.73	103 918.23
甘肃	36	5 180	10 970	59.83	29 554.67	79 610.04
青海	12	1 636	3 420	50.86	9 919.87	30 545.32
宁夏	19	2 052	4 437	41.62	8 128.92	20 876.97
新疆	85	9 629	21 688	46.35	34 518.78	84 272.41

2－3　全国国有旅游涉外饭店的客房规模

单位:座

地　区	总　计	客房间数 500 以上	客房间数 300－499	客房间数 200－299	客房间数 100－199	客房间数 99 以下
合　计	**3 343**	**54**	**126**	**274**	**1 092**	**1 797**
北　京	172	8	18	21	49	76
天　津	39	1	1	1	13	23
河　北	115	3	4	13	46	49
山　西	47	0	3	3	22	19
内蒙古	39	0	3	2	10	24
辽　宁	124	0	3	12	42	67
吉　林	78	0	4	5	21	48
黑龙江	100	0	2	7	26	65
上　海	81	6	12	18	34	11
江　苏	257	1	9	17	108	122
浙　江	158	3	2	10	71	72
安　徽	127	0	1	5	44	77
福　建	82	0	2	14	27	39
江　西	52	0	1	9	23	19
山　东	236	0	4	17	77	138
河　南	88	7	3	10	19	49
湖　北	173	0	5	12	63	93
湖　南	112	0	3	6	29	74
广　东	558	15	10	39	138	356
广　西	100	0	9	7	26	58
海　南	58	0	3	3	11	41
重　庆	38	0	2	3	16	17
四　川	132	2	5	19	57	49
贵　州	41	2	2	1	11	25
云　南	122	0	3	4	33	82
西　藏	12	0	1	0	3	8
陕　西	50	5	4	4	12	25
甘　肃	36	1	4	3	12	16
青　海	12	0	2	1	1	8
宁　夏	19	0	0	2	6	11
新　疆	85	0	1	6	42	36

2-4 全国国有旅游涉外饭店的星级构成

单位:座

地　区	星级饭店数	五星级	四星级	三星级	二星级	一星级
合　计	**1 839**	**7**	**50**	**536**	**1 025**	**221**
北　京	132	2	10	29	65	26
天　津	30	0	0	12	16	2
河　北	84	0	1	28	53	2
山　西	33	0	2	6	23	2
内蒙古	25	0	0	5	15	5
辽　宁	71	0	1	16	37	17
吉　林	60	0	2	12	36	10
黑龙江	74	0	0	18	35	21
上　海	73	1	7	24	31	10
江　苏	130	1	6	59	61	3
浙　江	56	0	2	33	21	0
安　徽	54	0	0	11	36	7
福　建	51	0	0	17	30	4
江　西	43	0	1	13	27	2
山　东	93	0	3	45	42	3
河　南	81	0	0	28	51	2
湖　北	93	0	0	34	47	12
湖　南	58	0	1	12	32	13
广　东	210	2	7	59	123	19
广　西	28	0	0	10	14	4
海　南	12	0	1	4	4	3
重　庆	18	0	0	7	9	2
四　川	80	1	2	17	51	9
贵　州	34	0	0	1	24	9
云　南	62	0	1	5	42	14
西　藏	10	0	0	4	4	2
陕　西	31	0	3	9	13	6
甘　肃	36	0	0	10	23	3
青　海	12	0	0	1	10	1
宁　夏	8	0	0	1	7	0
新　疆	57	0	0	6	43	8

2－5 全国国有旅游涉外饭店的营业收入总额

地 区	汇总单位（座）	营业收入（万元）	#客 房（万元）	#餐 饮（万元）	#商 品（万元）
合 计	**3 343**	**3 691 317.86**	**1 778 187.75**	**1 200 398.90**	**257 472.15**
北 京	172	412 349.77	188 314.00	92 691.42	13 465.02
天 津	39	32 582.70	17 231.91	9 393.01	2 052.59
河 北	115	122 521.94	47 041.47	49 926.99	10 878.59
山 西	47	38 073.22	21 820.54	13 260.86	1 595.27
内蒙古	39	24 581.15	11 246.86	10 649.79	1 058.44
辽 宁	124	101 745.10	53 184.21	35 776.17	3 039.92
吉 林	78	49 297.88	24 870.95	18 112.62	2 140.55
黑龙江	100	28 728.29	17 470.04	8 369.11	656.19
上 海	81	318 389.27	167 951.47	92 538.79	23 353.38
江 苏	257	371 290.16	141 728.43	137 053.14	54 211.88
浙 江	158	204 901.70	85 902.74	79 615.25	23 134.18
安 徽	127	70 268.31	34 876.77	27 108.47	5 926.47
福 建	82	81 015.49	36 616.98	25 538.25	12 565.03
江 西	52	41 523.00	22 049.28	14 341.13	1 608.01
山 东	236	204 442.66	83 468.19	91 896.32	11 490.82
河 南	88	88 494.12	43 470.77	37 002.88	2 066.78
湖 北	173	123 251.61	55 456.87	47 739.77	10 077.51
湖 南	112	62 005.71	29 885.74	21 685.81	2 045.71
广 东	558	883 312.98	481 437.62	244 005.62	47 025.33
广 西	100	66 295.45	27 084.41	30 467.81	3 675.17
海 南	58	21 557.56	11 574.83	5 974.36	651.61
重 庆	38	33 098.86	18 937.24	9 868.82	1 069.13
四 川	132	93 321.69	49 173.22	29 736.28	4 702.93
贵 州	41	26 224.99	10 956.93	8 020.40	3 271.29
云 南	122	56 983.05	26 159.16	15 490.25	6 271.70
西 藏	12	9 560.23	5 059.23	3 338.03	268.06
陕 西	50	43 388.73	23 051.64	13 255.79	2 710.84
甘 肃	36	29 554.67	14 298.10	9 569.95	3 591.73
青 海	12	9 919.87	4 497.93	3 119.34	1 442.69
宁 夏	19	8 128.92	3 612.33	3 657.61	284.27
新 疆	85	34 518.78	19 767.89	11 194.86	1 141.06

2-6 全国国有旅游涉外饭店的营业收入构成

地区	汇总单位(座)	营业收入(万元)	#客房(%)	#餐饮(%)	#商品(%)
合计	**3 343**	**3 691 317.86**	**48.17**	**32.52**	**6.98**
北京	172	412 349.77	45.67	22.48	3.27
天津	39	32 572.70	52.90	28.84	6.30
河北	115	122 521.94	38.39	40.75	8.88
山西	47	38 073.22	57.29	34.83	4.19
内蒙古	39	24 581.15	45.75	43.33	4.31
辽宁	124	101 745.10	52.27	35.16	2.99
吉林	78	49 297.88	50.45	36.74	4.34
黑龙江	100	28 728.29	60.81	29.13	2.28
上海	81	318 389.27	52.75	29.06	7.33
江苏	257	371 290.16	38.17	36.91	14.60
浙江	158	204 901.70	41.92	38.86	11.29
安徽	127	70 268.31	49.63	38.58	8.43
福建	82	81 015.49	45.20	31.52	15.51
江西	52	41 523.00	53.10	34.54	3.87
山东	236	204 442.66	40.83	44.95	5.62
河南	88	88 494.12	49.12	41.81	2.34
湖北	173	123 251.61	44.99	38.73	8.18
湖南	112	62 005.71	48.20	34.97	3.30
广东	558	883 312.98	54.50	27.62	5.32
广西	100	66 295.45	40.85	45.96	5.54
海南	58	21 557.56	53.69	27.71	3.02
重庆	38	33 098.86	57.21	29.82	3.23
四川	132	93 321.69	52.69	31.86	5.04
贵州	41	26 224.99	41.78	30.58	12.47
云南	122	56 983.05	45.91	27.18	11.01
西藏	12	9 560.23	52.92	34.92	2.80
陕西	50	43 388.73	53.13	30.55	6.25
甘肃	36	29 554.67	48.38	32.38	12.15
青海	12	9 919.87	45.34	31.45	14.54
宁夏	19	8 128.92	44.44	45.00	3.50
新疆	85	34 518.78	57.27	32.43	3.31

2－7 全国国有旅游涉外饭店的住宿人数和人天数

地区	汇总单位（座）	住宿人数			住宿人天数		
		总人数（万人）	海外旅游者（万人）	海外占百分比（%）	住宿人天数（万人夜）	海外旅游者（万人夜）	海外占百分比（%）
合计	**3 343**	**8 211.07**	**601.70**	**7.33**	**14 590.35**	**1 340.65**	**9.19**
北京	172	259.01	63.13	24.37	839.80	223.10	26.57
天津	39	45.45	2.82	6.20	107.28	15.71	14.65
河北	115	251.91	19.17	7.61	393.57	42.57	10.82
山西	47	135.24	4.86	3.59	272.65	10.37	3.80
内蒙古	39	150.70	31.46	20.88	287.95	69.34	24.08
辽宁	124	169.78	6.03	3.55	329.78	20.64	6.26
吉林	78	108.07	9.00	8.33	217.35	16.51	7.59
黑龙江	100	179.90	6.94	3.86	298.54	12.25	4.10
上海	81	—	—	—	—	—	—
江苏	257	580.01	54.37	9.37	1 067.60	122.44	11.47
浙江	158	388.66	14.77	3.80	608.70	34.17	5.61
安徽	127	234.94	16.50	7.02	348.30	19.98	5.74
福建	82	157.28	14.367	9.14	292.76	27.31	9.33
江西	52	—	—	—	—	—	—
山东	236	412.33	21.04	5.10	720.79	49.67	6.89
河南	88	917.93	11.95	1.30	1 096.19	19.00	1.73
湖北	173	353.31	9.06	2.56	531.72	21.40	4.03
湖南	112	452.20	16.40	3.63	896.61	48.51	5.41
广东	558	1 816.87	197.65	10.88	3 500.99	378.80	10.82
广西	100	241.18	6.21	2.57	408.26	10.64	2.61
海南	58	115.94	5.45	4.70	149.06	6.36	4.26
重庆	38	68.21	4.38	6.42	103.41	7.88	7.62
四川	132	298.16	13.96	4.68	504.60	31.60	6.26
贵州	41	155.48	12.10	7.78	311.38	25.36	8.14
云南	122	319.69	20.63	6.45	503.76	30.30	6.01
西藏	12	11.82	4.25	36.00	23.14	7.97	34.45
陕西	50	69.39	16.10	23.20	181.35	33.58	18.51
甘肃	36	95.46	7.74	8.11	165.75	12.91	7.79
青海	12	40.57	1.28	3.16	72.38	2.16	2.98
宁夏	19	35.89	0.41	1.14	75.20	1.06	1.41
新疆	85	145.71	9.67	6.64	281.49	39.08	13.88

2－8　全国国有旅游涉外饭店的每间客房年收入

地　区	汇　总 单　位 （座）	饭店规模		出租率 （%）	每间客房 年收入 （万元）	每间客房 年接待 人　数 （人）	每间客房 年接待 人天数 （人天）
		客房数 （间）	床位数 （张）				
合　计	**3 343**	**421 800**	**872 645**	**52.43**	**8.75**	**194**	**346**
北　京	172	29 999	57 399	56.60	13.75	86	280
天　津	39	4 646	9 361	42.83	7.01	97	231
河　北	115	15 286	32 424	44.22	8.02	164	257
山　西	47	6 393	13 415	53.37	5.96	211	426
内蒙古	39	4 478	10 039	55.78	5.49	336	643
辽　宁	124	14 073	28 537	50.41	7.23	120	234
吉　林	78	7 912	16 879	46.42	6.23	136	275
黑龙江	100	9 318	20 366	43.75	3.08	193	320
上　海	81	18 596	34 590	61.92	17.12	－	－
江　苏	257	29 927	59 358	51.95	12.41	193	357
浙　江	158	18 887	37 386	54.46	10.85	205	322
安　徽	127	11 897	27 410	47.98	5.91	197	293
福　建	82	9 832	19 946	52.45	8.24	159	298
江　西	52	6 897	14 516	51.70	6.02	－	－
山　东	236	24 457	51 031	43.62	8.36	168	295
河　南	88	12 740	26 569	62.49	6.95	－	－
湖　北	173	18 197	38 394	52.75	6.77	194	292
湖　南	112	8 673	19 337	51.46	7.15	－	－
广　东	558	87 982	178 540	55.68	10.04	206	398
广　西	100	11 868	24 696	50.49	5.59	203	344
海　南	58	4 873	9 590	47.99	4.42	237	306
重　庆	38	3 700	10 979	50.65	8.95	184	279
四　川	132	17 772	37 159	48.20	5.25	167	284
贵　州	41	5 657	13 279	60.02	4.64	274	550
云　南	122	9 906	22 032	53.99	5.75	322	509
西　藏	12	1 037	2 199	34.51	9.22	113	223
陕　西	50	8 300	16 699	55.18	5.23	83	219
甘　肃	36	5 180	10 970	59.83	5.71	184	320
青　海	12	1 636	3 420	50.86	6.06	247	442
宁　夏	19	2 052	4 437	41.62	3.96	174	336
新　疆	85	9 629	21 688	46.35	3.58	151	292

2－9　全国国有旅游涉外饭店的人均效益

地　　区	全员劳动生产率（万元/人）	人均实现利　润（万元/人）	人均实现利　税（万元/人）	人均占用固定资产原值（万元/人）	职工人数（人）
合　计	**6.21**	**－0.10**	**0.20**	**14.27**	**594 075**
北　京	7.53	0.05	0.43	20.59	54 737
天　津	3.97	－0.29	－0.12	9.62	8 197
河　北	6.48	0.16	0.51	11.48	18 911
山　西	3.96	－0.09	0.11	8.82	9 611
内蒙古	4.86	－0.08	0.19	6.24	5 062
辽　宁	4.45	－0.54	－0.33	14.15	22 887
吉　林	3.98	－0.77	－0.58	15.96	12 399
黑龙江	1.60	－0.08	－0.01	9.90	17 992
上　海	9.92	0.10	0.59	23.55	32 094
江　苏	7.12	－0.21	0.09	14.17	52 143
浙　江	6.89	0.03	0.34	14.47	29 735
安　徽	4.17	0.03	0.23	9.91	16 834
福　建	5.79	－0.17	0.11	12.34	13 994
江　西	5.60	－0.13	0.14	9.06	7 411
山　东	5.75	－0.43	－0.15	14.50	35 541
河　南	5.95	0.12	0.49	8.51	14 884
湖　北	4.24	－0.13	0.06	10.00	29 066
湖　南	6.68	－0.43	－0.10	12.47	9 282
广　东	9.08	0.41	0.87	13.69	97 305
广　西	3.58	－0.55	－0.37	10.71	18 528
海　南	3.32	－1.63	－1.45	13.84	6 485
重　庆	6.54	0.04	0.40	10.48	5 061
四　川	3.35	－0.25	－0.09	22.70	27 871
贵　州	3.93	－0.12	0.09	11.39	6 678
云　南	5.74	－0.35	－0.07	11.55	9 930
西　藏	5.63	0.68	0.95	24.32	1 699
陕　西	5.92	－1.32	－1.03	14.18	7 329
甘　肃	3.53	－0.06	0.12	9.50	8 381
青　海	3.63	－0.79	－0.63	11.18	2 733
宁　夏	2.82	－0.16	－0.02	7.23	2 887
新　疆	4.11	－0.38	－0.16	10.02	8 408

第三辑

外资饭店统计资料

PART THREE

STATISTICS OF FOREIGN－INVESTED HOTELS

3－1 全国外资旅游涉外饭店综合情况

	饭店经济类型 规模、星级	饭店数 （座）	房间数 （间）	床位数 （张）	客房 出租率 （%）	营业收入 （万元）	营业税金 （万元）	固定资产 （万元）
饭店经济类型	**合　计**	**734**	**178 278**	**331 128**	**58.82**	**3 513 182.03**	**177 619.64**	**7 493 930.85**
	外商投资经济	464	83 860	150 838	58.12	2 115 284.01	104 584.99	5 009 666.37
	港澳台投资	270	94 418	180 290	59.57	1 397 898.02	73 034.65	2 484 264.48
饭店规模	**合　计**	**734**	**178 278**	**331 128**	**58.82**	**3 513 182.03**	**177 619.64**	**7 493 930.85**
	500 间以上	35	67 934	126 875	63.38	1 183 499.31	66 243.19	1 715 690.03
	300－499 间	112	42 525	75 353	60.68	906 495.89	45 494.25	2 345 462.17
	200－299 间	126	30 766	56 758	57.77	668 543.96	26 539.50	1 327 557.18
	100－199 间	160	23 042	44 445	55.38	328 285.58	16 845.00	828 195.89
	1－99 间	301	14 011	27 697	50.54	426 357.29	22 497.70	1 277 025.58
	其中:29 间以下	91	292	742	47.68	226 195.40	11 076.48	833 497.48
饭店星级	**合　计**	**734**	**178 278**	**331 128**	**58.82**	**3 513 182.03**	**177 619.64**	**7 493 930.85**
	星级饭店小计	444	99 283	176 628	61.00	2 610 853.57	126 221.63	4 759 778.01
	五星级	44	22 413	36 054	63.74	962 918.69	50 641.77	1 479 360.96
	四星级	91	31 055	53 842	62.43	904 728.55	41 046.34	1 804 187.82
	三星级	215	37 570	70 221	59.28	666 896.91	30 728.69	1 346 380.95
	二星级	89	8 032	16 110	56.71	75 169.42	3 765.23	127 908.28
	一星级	5	213	401	36.81	1 140.00	39.60	1 940.00
	未评星级饭店	290	78 995	154 500	55.03	902 328.46	51 398.01	2 734 152.84

3－2 全国外资旅游涉外饭店的地区分布

地　区	饭店数（座）	房间数（间）	床位数（张）	客　房出租率（%）	营业收入（万元）	固定资产原值（万元）
合　计	**734**	**178 278**	**331 128**	**58.82**	**3 513 182.03**	**7 493 930.85**
北　京	81	21 943	36 776	64.21	991 713.39	2 417 790.51
天　津	25	4 301	7 370	52.54	91 765.62	172 857.37
河　北	2	219	447	66.06	1 840.20	8 079.24
内蒙古	3	542	1 066	51.84	6 921.66	16 593.99
辽　宁	58	9 613	16 408	54.91	139 532.40	492 656.22
吉　林	18	2 353	4 061	47.24	33 046.39	174 782.22
黑龙江	5	928	2 073	59.38	2 750.50	16 162.70
上　海	25	8 590	13 758	65.72	311 424.41	490 621.96
江　苏	31	5 063	8 875	53.50	86 957.60	222 914.80
浙　江	31	5 153	9 156	57.14	154 216.09	206 062.37
安　徽	20	2 372	4 986	49.51	21 432.80	43 575.58
福　建	42	6 306	11 683	56.84	105 849.55	239 814.15
江　西	6	706	1 302	60.91	9 598.80	24 995.80
山　东	33	5 930	10 511	49.14	81 734.62	188 937.76
河　南	1	250	475	64.60	4 246.28	7 933.14
湖　北	17	2 134	3 885	58.10	46 023.28	102 037.76
湖　南	12	1 228	2 818	67.22	16 402.07	49 824.75
广　东	221	82 423	160 605	60.40	1 190 353.99	1 925 916.50
广　西	36	7 293	13 906	62.76	63 041.85	227 763.94
海　南	33	3 077	5 519	49.38	23 132.50	106 321.58
重　庆	6	1 501	2 745	59.15	37 788.31	89 124.54
四　川	7	1 359	2 271	53.59	20 999.72	115 868.29
贵　州	3	704	1 683	69.78	9 121.68	16 830.07
云　南	5	992	1 912	71.78	27 234.19	35 907.80
陕　西	7	2 241	4 293	55.54	22 223.14	64 755.17
甘　肃	2	438	768	40.74	4 385.00	34 455.00
宁　夏	1	72	134	62.50	1 401.80	284.60
新　疆	3	547	1 642	37.43	8 044.19	1 063.04

3－3　全国外资旅游涉外饭店的客房规模

单位:座

地　区	总　计	客房间数 500以上	客房间数 300－499	客房间数 200－299	客房间数 100－199	客房间数 99以下
合　计	**734**	**35**	**112**	**126**	**160**	**301**
北　京	81	13	23	14	2	29
天　津	25	0	3	8	7	7
河　北	2	0	0	0	1	1
内蒙古	3	0	0	2	0	1
辽　宁	58	3	6	6	18	25
吉　林	18	0	2	1	8	7
黑龙江	5	0	1	2	0	2
上　海	25	7	7	3	5	3
江　苏	31	0	5	5	5	16
浙　江	31	0	6	6	8	11
安　徽	20	0	1	1	6	12
福　建	42	0	4	8	15	15
江　西	6	0	1	0	2	3
山　东	33	2	5	6	5	15
河　南	1	0	0	1	0	0
湖　北	17	0	1	1	7	8
湖　南	12	0	0	2	3	7
广　东	221	9	27	40	44	101
广　西	36	1	6	10	10	9
海　南	33	0	3	1	7	22
重　庆	6	0	1	4	1	0
四　川	7	0	2	1	2	2
贵　州	3	0	1	0	1	1
云　南	5	0	1	2	1	1
陕　西	7	0	4	2	1	0
甘　肃	2	0	1	0	0	1
宁　夏	1	0	0	0	0	1
新　疆	3	0	1	0	1	1

3－4　全国外资旅游涉外饭店的星级构成

单位:座

地　区	星级饭店数	五星级	四星级	三星级	二星级	一星级
合　计	**444**	**44**	**91**	**215**	**89**	**5**
北　京	53	14	15	21	3	0
天　津	14	1	4	7	2	0
河　北	2	0	0	2	0	0
内蒙古	3	0	0	3	0	0
辽　宁	34	2	6	18	6	2
吉　林	8	0	0	6	2	0
黑龙江	3	0	0	2	1	0
上　海	25	5	8	8	4	0
江　苏	18	0	6	8	4	0
浙　江	14	0	2	12	0	0
安　徽	10	0	1	4	5	0
福　建	29	0	6	21	2	0
江　西	5	0	0	4	1	0
山　东	18	3	6	6	2	1
河　南	1	0	0	1	0	0
湖　北	10	0	3	5	2	0
湖　南	8	0	1	1	6	0
广　东	128	13	21	56	37	1
广　西	25	3	2	15	5	0
海　南	9	0	2	5	2	0
重　庆	5	0	2	2	1	0
四　川	4	1	0	2	0	1
贵　州	3	0	0	2	1	0
云　南	5	0	3	0	2	0
陕　西	6	2	1	3	0	0
甘　肃	2	0	1	1	0	0
宁　夏	0	0	0	0	0	0
新　疆	2	0	1	0	1	0

3－5　全国外资旅游涉外饭店的营业收入总额

地　区	汇总单位（座）	营业收入（万元）	#客房（万元）	#餐饮（万元）	#商品（万元）
合　计	**734**	**3 513 182.03**	**1 498 018.72**	**995 985.68**	**291 086.14**
北　京	81	991 713.39	330 296.28	185 058.11	109 843.06
天　津	25	91 765.62	45 039.92	17 086.60	3 180.33
河　北	2	1 840.20	1 090.63	526.63	0.00
内蒙古	3	6 921.66	2 632.64	1 630.64	1 981.00
辽　宁	58	139 532.40	73 323.78	46 876.33	5 234.19
吉　林	18	33 046.39	14 423.76	14 108.03	815.03
黑龙江	5	2 750.50	1 955.80	694.20	0.00
上　海	25	311 424.41	179 048.79	92 122.03	7 976.00
江　苏	31	86 957.60	44 521.87	28 849.82	5 308.77
浙　江	31	154 216.09	41 439.15	35 964.25	64 703.84
安　徽	20	21 432.80	11 029.48	7 016.53	1 486.02
福　建	42	105 849.55	48 828.87	35 109.29	4 933.61
江　西	6	9 598.80	5 224.17	3 486.11	63.20
山　东	33	81 734.62	38 693.65	31 772.14	2 538.20
河　南	1	4 246.28	2 346.37	1 452.73	114.10
湖　北	17	46 023.28	26 056.08	15 037.64	96.64
湖　南	12	16 402.07	7 973.02	5 876.10	113.26
广　东	221	1 190 353.99	516 540.47	401 409.60	66 977.06
广　西	36	63 041.85	30 754.51	25 503.58	1 796.86
海　南	33	23 132.50	12 301.56	8 140.91	383.85
重　庆	6	37 788.31	15 629.39	8 764.53	7 444.36
四　川	7	20 999.72	12 194.88	6 791.57	665.45
贵　州	3	9 121.68	5 682.44	2 488.67	455.69
云　南	5	27 234.19	11 762.35	8 070.45	4 136.78
陕　西	7	22 223.14	12 517.34	6 862.59	408.04
甘　肃	2	4 385.00	2 157.87	1 791.35	0.00
宁　夏	1	1 401.80	296.70	737.70	21.80
新　疆	3	8 044.19	4 256.95	2 739.55	409.00

3-6 全国外资旅游涉外饭店的营业收入构成

地区	汇总单位(座)	营业收入(万元)	#客房(%)	#餐饮(%)	#商品(%)
合计	**734**	**3 513 182.03**	**42.64**	**28.35**	**8.29**
北京	81	991 713.39	33.31	18.66	11.08
天津	25	91 765.62	49.08	18.62	3.47
河北	2	1 840.20	59.27	28.62	0.00
内蒙古	3	6 921.66	38.03	23.56	28.62
辽宁	58	139 532.40	52.55	33.61	3.75
吉林	18	33 046.39	43.65	42.60	2.47
黑龙江	5	2 750.50	71.11	25.24	0.00
上海	25	311 424.41	57.49	29.58	2.56
江苏	31	86 957.60	51.20	33.18	6.11
浙江	31	154 216.09	26.87	23.32	41.96
安徽	20	21 432.80	51.46	32.74	6.93
福建	42	105 849.55	46.13	33.17	4.66
江西	6	9 598.80	54.43	36.32	0.66
山东	33	81 734.62	47.34	38.87	3.11
河南	1	4 246.28	55.26	34.21	2.69
湖北	17	46 023.28	56.62	32.67	0.21
湖南	12	16 402.07	48.61	35.83	0.69
广东	221	1 190 353.99	43.39	33.72	5.63
广西	36	63 041.85	48.78	40.45	2.85
海南	33	23 132.50	53.18	35.19	1.66
重庆	6	37 788.31	41.36	23.19	19.70
四川	7	20 999.72	58.07	32.34	3.17
贵州	3	9 121.68	62.30	27.28	5.00
云南	5	27 234.19	43.19	29.63	15.19
陕西	7	22 223.14	56.33	30.89	1.84
甘肃	2	4 385.00	49.21	40.85	0.00
宁夏	1	1 401.80	21.17	52.63	1.56
新疆	3	8 044.19	52.92	34.06	5.08

3-7 全国外资旅游涉外饭店的住宿人数和人天数

地区	汇总单位（座）	住宿人数			住宿人天数		
		总人数（万人）	海外旅游者（万人）	海外占百分比(%)	住宿人天数（万人夜）	海外旅游者（万人夜）	海外占百分比(%)
合计	**734**	**2 402.27**	**737.83**	**30.71**	**4 799.13**	**1 626.74**	**33.90**
北京	81	210.36	144.73	68.80	656.27	447.54	68.19
天津	25	29.56	10.48	35.46	108.05	63.52	58.79
河北	2	1.41	0.23	16.06	2.58	0.71	27.59
内蒙古	3	5.98	1.46	24.34	11.16	2.37	21.23
辽宁	58	82.89	15.52	18.72	200.07	54.06	27.02
吉林	18	29.82	5.62	18.84	57.84	10.58	18.30
黑龙江	5	7.55	0.75	10.00	9.70	1.28	13.15
上海	25	–	–	–	–	–	–
江苏	31	69.15	31.91	46.15	133.39	72.59	54.42
浙江	31	73.07	19.23	26.32	132.43	45.80	34.59
安徽	20	42.70	7.15	16.75	60.95	10.03	16.45
福建	42	96.94	30.60	31.57	187.32	67.09	35.82
江西	6	–	–	–	–	–	–
山东	33	47.13	13.41	28.45	99.25	36.72	36.99
河南	1	3.28	1.27	38.61	7.39	2.46	33.22
湖北	17	34.17	14.98	43.85	61.13	31.74	51.93
湖南	12	41.34	2.20	5.31	118.69	5.66	4.77
广东	221	1 334.15	334.45	25.07	2 414.33	579.81	24.02
广西	36	110.95	36.50	32.90	226.90	70.73	31.17
海南	33	73.56	11.57	15.73	98.95	16.27	16.44
重庆	6	23.68	9.44	39.89	40.17	14.89	37.07
四川	7	16.44	5.81	35.33	29.72	9.98	33.57
贵州	3	8.37	2.81	33.57	18.31	4.95	27.01
云南	5	24.81	18.00	72.55	43.22	29.93	69.25
陕西	7	20.99	14.41	68.67	54.19	37.53	69.24
甘肃	2	4.51	2.09	46.25	10.10	3.90	38.56
宁夏	1	2.13	0.01	0.68	4.35	0.03	0.80
新疆	3	7.31	3.20	43.77	12.66	6.61	52.21

3－8 全国外资旅游涉外饭店的每间客房年收入

地　区	汇　总 单　位 （座）	饭店规模		出租率 （%）	每间客房 年收入 （万元）	每间客房 年接待 人　数 （人）	每间客房 年接待 人天数 （人天）
		客房数 （间）	床位数 （张）				
合　计	**734**	**178 278**	**331 128**	**58.82**	**19.71**	**134**	**269**
北　京	81	21 943	36 776	64.21	45.19	95	299
天　津	25	4 301	7 370	52.54	21.34	68	251
河　北	2	219	447	66.06	8.40	64	118
内蒙古	3	542	1 066	51.84	12.77	110	206
辽　宁	58	9 613	16 408	54.91	14.51	86	208
吉　林	18	2 353	4 061	47.24	14.04	126	246
黑龙江	5	928	2 073	59.38	2.96	81	105
上　海	25	8 590	13 758	65.72	36.25	－	－
江　苏	31	5 063	8 875	53.50	17.18	136	263
浙　江	31	5 153	9 156	57.14	29.93	141	257
安　徽	20	2 372	4 986	49.51	9.04	180	257
福　建	42	6 306	11 683	56.84	16.79	153	297
江　西	6	706	1 302	60.91	13.60	－	－
山　东	33	5 930	10 511	49.14	13.78	79	167
河　南	1	250	475	64.60	16.99	131	296
湖　北	17	2 134	3 885	58.10	21.57	160	286
湖　南	12	1 228	2 818	67.22	13.36	－	－
广　东	221	82 423	160 605	60.40	14.44	161	293
广　西	36	7 293	13 906	52.76	8.64	152	311
海　南	33	3 077	5 519	49.38	7.52	239	322
重　庆	6	1 501	2 745	59.15	25.18	157	268
四　川	7	1 359	2 271	53.59	15.45	120	219
贵　州	3	704	1 683	69.78	12.96	118	260
云　南	5	992	1 912	71.78	27.45	250	436
陕　西	7	2 241	4 293	55.54	9.92	93	242
甘　肃	2	438	768	40.74	10.01	103	231
宁　夏	1	72	134	62.50	19.47	296	604
新　疆	3	547	1 642	37.43	14.71	133	231

3－9 全国外资旅游涉外饭店的人均效益

地　区	全员劳动生产率（万元/人）	人均实现利　润（万元/人）	人均实现利　税（万元/人）	人均占用固定资产原值（万元/人）	职工人数（人）
合　计	**12.59**	**0.71**	**1.35**	**26.85**	**279 147**
北　京	21.69	3.78	4.81	52.89	45 715
天　津	11.94	－0.08	0.54	22.48	7 688
河　北	2.85	－1.37	－1.24	12.51	646
内蒙古	5.32	－0.24	－0.05	12.75	1 302
辽　宁	8.01	－1.01	－0.60	28.30	17 410
吉　林	6.65	－3.36	－3.03	35.17	4 969
黑龙江	1.92	0.12	0.23	11.28	1 433
上　海	20.63	3.86	4.98	32.50	15 094
江　苏	8.98	－0.09	0.34	23.02	9 685
浙　江	14.78	0.13	0.55	19.75	10 436
安　徽	5.49	－0.29	－0.02	11.16	3 903
福　建	7.77	－0.33	0.14	17.61	13 615
江　西	7.32	1.13	1.49	19.05	1 312
山　东	8.20	－1.98	－1.56	18.97	9 962
河　南	6.88	－0.38	－0.04	12.86	617
湖　北	10.02	0.79	1.27	22.21	4 595
湖　南	8.25	－0.47	－0.04	25.06	1 988
广　东	12.19	0.73	1.39	19.72	97 666
广　西	5.45	－2.54	－2.27	19.70	11 560
海　南	4.48	－2.45	－2.19	20.59	5 163
重　庆	10.95	0.40	0.94	25.82	3 452
四　川	7.29	1.28	1.65	40.23	2 880
贵　州	6.91	0.32	0.70	12.74	1 321
云　南	12.27	3.11	3.65	16.18	2 219
陕　西	7.81	－5.93	－5.54	22.75	2 847
甘　肃	5.38	－1.06	－0.72	42.28	815
宁　夏	10.95	－0.70	－0.09	－	128
新　疆	11.08	1.50	2.12	－	726

第四辑

星级饭店统计资料

PART FOUR

STATISTICS

OF STAR－RANKED HOTELS

(一)综合资料

4－1－1　全国星级饭店综合情况

饭店经济类型 规模、星级		饭店数（座）	房间数（间）	床位数（张）	客房出租率（%）	营业收入（万元）	营业税金（万元）	固定资产（万元）
	合　计	**2 724**	**403 570**	**796 038**	**56.08**	**5 623 086.93**	**273 118.37**	**12 174 343.40**
饭店经济类型	国有经济	1 839	252 393	512 965	54.34	2 450 260.31	117 357.82	5 869 376.47
	集体经济	283	28 414	58 036	53.33	244 083.00	12 614.85	684 713.11
	私营经济	19	2 084	4 032	52.41	25 769.04	1 858.34	54 550.87
	联营经济	34	6 267	13 996	53.75	82 560.89	4 148.08	232 620.40
	股份制经济	105	15 129	30 381	58.35	209 560.12	10 917.65	573 304.54
	外商投资经济	283	65 030	115 101	61.06	1 722 948.47	84 609.70	3 332 584.25
	港澳台投资	161	34 253	61 527	60.89	887 905.10	41 611.93	1 427 193.76
	合　计	**2 724**	**403 570**	**796 038**	**56.08**	**5 623 086.93**	**273 118.37**	**12 174 343.40**
饭店规模	500 间以上	73	53 612	96 906	61.74	1 326 683.65	67 898.06	2 544 714.94
	300－499 间	204	76 081	141 478	59.78	1 287 575.51	62 418.45	3 082 221.55
	200－299 间	327	78 867	154 347	57.35	1 184 469.22	51 013.82	2 315 339.95
	100－199 间	933	130 656	267 529	53.45	1 186 131.68	59 846.26	2 801 513.29
	1－99 间	1 187	64 354	135 778	51.67	638 226.87	31 941.78	1 430 553.67
	合　计	**2 724**	**403 570**	**796 038**	**56.08**	**5 623 086.93**	**273 118.37**	**12 174 343.40**
饭店星级	五星级	57	29 131	49 591	62.92	1 195 415.07	60 395.98	2 424 810.54
	四星级	157	54 036	96 802	61.04	1 341 127.22	63 549.22	2 849 538.79
	三星级	895	157 312	305 925	56.86	2 071 722.11	99 258.43	4 594 800.80
	二星级	1 339	143 656	301 024	52.69	931 569.99	45 155.55	2 134 381.27
	一星级	276	19 435	42 696	48.61	83 252.54	4 759.19	170 812.00

4－1－2　全国星级饭店的地区分布

地　　区	饭店数(座)	房间数(间)	床位数(张)	客　房出租率(%)	营业收入(万元)	固定资产原值(万元)
合　计	**2 724**	**403 570**	**796 038**	**56.08**	**5 623 086.93**	**12 174 343.40**
北　京	250	53 114	96 799	60.23	1 176 495.26	2 474 336.90
天　津	52	7 607	14 411	47.01	92 780.12	153 007.01
河　北	87	10 756	23 293	47.40	95 194.79	186 869.09
山　西	44	5 599	11 367	53.73	35 719.50	91 857.78
内蒙古	31	3 668	7 962	57.15	19 181.36	42 545.08
辽　宁	125	15 867	29 023	55.43	186 272.77	570 350.21
吉　林	72	7 317	15 911	48.61	50 788.31	177 423.97
黑龙江	87	8 927	19 523	44.36	30 405.20	172 828.28
上　海	117	29 805	53 512	62.73	672 193.08	1 225 001.36
江　苏	174	23 878	46 004	54.03	373 051.88	784 551.54
浙　江	100	15 348	29 498	58.98	295 634.80	474 954.96
安　徽	72	8 214	17 897	53.45	66 514.07	142 764.30
福　建	91	11 921	23 316	57.49	149 579.72	295 564.63
江　西	49	6 602	13 620	53.34	41 586.92	76 415.42
山　东	127	16 803	32 771	50.18	205 708.55	453 039.27
河　南	93	14 224	31 171	63.70	93 673.96	137 300.39
湖　北	122	14 021	28 261	54.40	143 799.82	338 646.23
湖　南	82	8 717	18 674	52.70	93 075.43	130 105.08
广　东	408	63 211	123 419	59.32	1 205 677.96	2 289 841.38
广　西	58	11 571	22 625	53.35	91 230.11	294 196.20
海　南	47	7 047	13 508	51.79	63 548.52	221 353.66
重　庆	25	3 635	6 915	53.15	60 412.32	49 419.06
四　川	97	13 939	27 691	51.30	101 068.45	657 800.10
贵　州	37	4 038	8 436	61.77	31 164.87	70 987.76
云　南	95	9 018	18 683	58.67	78 476.72	152 550.15
西　藏	13	1 730	3 825	39.30	10 575.48	44 239.89
陕　西	45	10 158	21 971	55.40	73 814.36	235 564.15
甘　肃	38	5 618	11 738	58.67	33 939.67	114 065.04
青　海	13	1 685	3 533	50.40	9 963.97	30 570.12
宁　夏	8	945	1 995	40.39	4 535.10	13 627.21
新　疆	65	8 587	18 686	45.10	37 023.86	72 567.18

4－1－3　全国星级饭店的经济类型

单位:座

地　区	总　计	国有经济	集体经济	私营经济	联营经济	股 份 制	外商投资	港 澳 台
合　计	**2 724**	**1 839**	**283**	**19**	**34**	**105**	**283**	**161**
北　京	250	132	44	1	1	19	53	0
天　津	52	30	7	0		1	14	0
河　北	87	84	1	0	0	0	2	0
山　西	44	33	6	1	0	4	0	0
内蒙古	31	25	3	0	0	0	2	1
辽　宁	125	71	14	0	1	5	29	14
吉　林	72	60	3	0	0	1	6	2
黑龙江	87	74	6	0	2	2	3	0
上　海	117	73	8	0	4	7	11	14
江　苏	174	130	21	0	1	4	11	7
浙　江	100	56	17	0	2	11	4	10
安　徽	72	54	6	1	0	1	5	5
福　建	91	51	5	2	1	3	12	17
江　西	49	43	0	0	0	1	0	5
山　东	127	93	12	1	1	2	16	2
河　南	93	81	7	0	2	2	1	0
湖　北	122	93	7	1	0	11	2	8
湖　南	82	58	14	0	0	2	5	3
广　东	408	210	46	6	10	8	71	57
广　西	58	28	2	1	0	2	17	8
海　南	47	12	7	1	8	10	6	3
重　庆	25	18	1	1	0	0	5	0
四　川	97	80	7	1	0	5	3	1
贵　州	37	34	0	0	0	0	3	0
云　南	95	62	26	2	0	0	4	1
西　藏	13	10	3	0	0	0	0	0
陕　西	45	31	3	0	1	4	3	3
甘　肃	38	36	0	0	0	0	2	0
青　海	13	12	1	0	0	0	0	0
宁　夏	8	8	0	0	0	0	0	0
新　疆	65	57	6	0	0	0	2	0

4－1－4　全国星级饭店的客房规模

单位:座

地　区	总　计	客房间数 500 以上	客房间数 300－499	客房间数 200－299	客房间数 100－199	客房间数 99 以下
合　计	**2 724**	**73**	**204**	**327**	**933**	**1 187**
北　京	250	21	42	33	61	93
天　津	52	1	3	6	19	23
河　北	87	0	3	11	33	40
山　西	44	0	3	0	22	19
内蒙古	31	0	2	3	7	19
辽　宁	125	2	6	11	40	66
吉　林	72	0	3	4	22	43
黑龙江	87	0	3	9	19	56
上　海	117	14	20	23	46	14
江　苏	174	1	14	14	81	64
浙　江	100	3	3	15	49	30
安　徽	72	0	2	2	36	32
福　建	91	0	4	18	27	42
江　西	49	0	1	9	21	18
山　东	127	2	5	13	49	58
河　南	93	7	4	10	21	51
湖　北	122	0	2	10	53	57
湖　南	82	0	4	11	19	48
广　东	408	13	33	59	115	188
广　西	58	1	11	13	18	15
海　南	47	0	5	9	16	17
重　庆	25	0	3	6	9	7
四　川	97	1	5	15	44	32
贵　州	37	0	2	0	12	23
云　南	95	0	3	5	32	55
西　藏	13	1	1	0	4	7
陕　西	45	5	3	7	7	18
甘　肃	38	1	5	3	12	17
青　海	13	0	2	1	1	9
宁　夏	8	0	0	1	3	4
新　疆	65	0	2	6	35	22

4-1-5 全国星级饭店的构成

单位:座

地区	星级饭店数	五星级	四星级	三星级	二星级	一星级
合计	**2 724**	**57**	**157**	**895**	**1 339**	**276**
北京	250	16	26	60	110	38
天津	52	1	4	23	21	3
河北	87	0	1	30	54	2
山西	44	0	2	9	31	2
内蒙古	31	0	0	8	18	5
辽宁	125	2	7	41	52	23
吉林	72	0	2	18	41	11
黑龙江	87	0	0	23	39	25
上海	117	7	15	41	42	12
江苏	174	1	13	80	76	4
浙江	100	0	6	62	32	0
安徽	72	0	1	17	47	7
福建	91	0	6	42	39	4
江西	49	0	1	18	28	2
山东	127	3	9	54	56	5
河南	93	0	0	32	59	2
湖北	122	0	4	45	56	17
湖南	82	1	2	18	45	16
广东	408	15	32	145	190	26
广西	58	3	2	27	22	4
海南	47	2	8	20	13	4
重庆	25	0	2	11	10	2
四川	97	2	2	22	59	12
贵州	37	0	0	3	25	9
云南	95	0	5	7	65	18
西藏	13	0	0	4	5	4
陕西	45	4	5	15	15	6
甘肃	38	0	1	11	23	3
青海	13	0	0	1	10	2
宁夏	8	0	0	1	7	0
新疆	65	0	1	7	49	8

4－1－6 全国星级饭店的营业收入总额

地　区	汇总单位(座)	营业收入(万元)	#客房(万元)	#餐饮(万元)	#商品(万元)
合　计	**2 724**	**5 623 086.93**	**2 526 782.58**	**1 822 680.12**	**451 407.92**
北　京	250	1 176 495.26	519 350.34	276 509.05	115 141.11
天　津	52	92 780.12	53 158.84	22 137.56	4 618.92
河　北	87	95 194.79	36 901.10	37 728.99	9 249.55
山　西	44	35 719.50	20 390.32	11 953.28	1 453.57
内蒙古	31	19 181.36	8 700.37	7 023.36	2 275.71
辽　宁	125	186 272.77	99 854.69	62 465.49	6 739.12
吉　林	72	50 788.31	25 016.80	19 799.76	2 227.63
黑龙江	87	30 405.20	17 612.62	9 655.22	581.19
上　海	117	672 193.08	364 614.93	201 395.73	35 652.82
江　苏	174	373 051.88	152 060.75	129 382.60	53 937.95
浙　江	100	295 634.80	96 251.46	86 316.57	82 203.41
安　徽	72	66 514.07	32 580.82	24 189.70	6 055.50
福　建	91	149 579.72	69 212.76	51 319.46	12 475.00
江　西	49	41 586.92	22 642.64	13 272.05	1 659.21
山　东	127	205 708.55	87 081.52	87 056.71	12 069.66
河　南	93	93 673.96	45 333.51	39 591.89	2 242.05
湖　北	122	143 799.82	71 730.63	51 110.86	9 861.05
湖　南	82	93 075.43	42 931.05	35 528.49	1 885.02
广　东	408	1 205 677.96	461 436.85	467 003.56	51 173.16
广　西	58	91 230.11	42 532.41	37 449.48	2 968.07
海　南	47	63 548.52	34 878.95	19 563.31	809.30
重　庆	25	60 412.32	28 084.30	15 914.28	8 399.03
四　川	97	101 068.45	54 550.95	30 868.81	5 315.02
贵　州	37	31 164.87	15 053.72	9 037.21	2 741.93
云　南	95	78 476.72	35 952.59	21 748.62	9 158.77
西　藏	13	10 575.48	5 932.85	3 400.22	279.87
陕　西	45	73 814.36	38 536.88	22 691.20	3 988.84
甘　肃	38	33 939.67	16 455.97	11 361.30	3 591.73
青　海	13	9 963.97	4 523.63	3 135.44	1 442.69
宁　夏	8	4 535.10	2 162.65	1 810.82	191.03
新　疆	65	37 023.86	21 255.68	12 259.10	1 020.01

4－1－7　全国星级饭店的营业收入构成

地　　区	汇总单位（座）	营业收入（万元）	# 客　房（%）	# 餐　饮（%）	# 商　品（%）
合　计	**2 724**	**5 623 086.93**	**44.94**	**32.41**	**8.03**
北　京	250	1 176 495.26	44.14	23.50	9.79
天　津	52	92 780.12	57.30	23.86	4.98
河　北	87	95 194.79	38.76	39.63	9.72
山　西	44	35 719.50	57.08	33.46	4.07
内蒙古	31	19 181.36	45.36	36.62	11.86
辽　宁	125	186 272.77	53.61	33.53	3.62
吉　林	72	50 788.31	49.26	38.98	4.39
黑龙江	87	30 405.20	57.93	31.76	1.91
上　海	117	672 193.08	54.24	29.96	5.30
江　苏	174	373 051.88	40.76	34.68	14.46
浙　江	100	295 634.80	32.56	29.20	27.81
安　徽	72	66 514.07	48.98	36.37	9.10
福　建	91	149 579.72	46.27	34.31	8.34
江　西	49	41 586.92	54.45	31.91	3.99
山　东	127	205 708.55	42.33	42.32	5.87
河　南	93	93 673.96	48.39	42.27	2.39
湖　北	122	143 799.82	49.88	35.54	6.86
湖　南	82	93 075.43	46.13	38.17	2.03
广　东	408	1 205 677.96	38.27	38.73	4.24
广　西	58	91 230.11	46.62	41.05	3.25
海　南	47	63 548.52	54.89	30.78	1.27
重　庆	25	60 412.32	46.49	26.34	13.90
四　川	97	101 068.45	53.97	30.54	5.26
贵　州	37	31 164.87	48.30	29.00	8.80
云　南	95	78 476.72	45.81	27.71	11.67
西　藏	13	10 575.48	56.10	32.15	2.65
陕　西	45	73 814.36	52.21	30.74	5.40
甘　肃	38	33 939.67	48.49	33.47	10.58
青　海	13	9 963.97	45.40	31.47	14.48
宁　夏	8	4 535.10	47.69	39.93	4.21
新　疆	65	37 023.86	57.41	33.11	2.76

4-1-8 全国星级饭店的住宿人数和人天数

地区	汇总单位（座）	住宿人数			住宿人天数		
		总人数（万人）	海外旅游者（万人）	海外占百分比(%)	住宿人天数（万人夜）	海外旅游者（万人夜）	海外占百分比(%)
合计	**2 724**	**7 079.41**	**1 039.77**	**14.69**	**12 914.72**	**2 329.44**	**18.04**
北京	250	497.77	211.82	42.55	1 529.54	663.31	43.37
天津	52	70.96	10.52	14.82	186.31	55.06	29.55
河北	87	188.90	10.38	5.49	269.92	18.10	6.71
山西	44	112.10	4.26	3.80	243.84	9.59	3.93
内蒙古	31	60.52	2.96	4.89	92.17	5.23	5.68
辽宁	125	206.68	17.94	8.68	420.55	61.20	14.55
吉林	72	106.26	7.69	7.24	213.50	14.15	6.63
黑龙江	87	184.71	8.04	4.35	319.18	14.79	4.63
上海	117	–	–	–	–	–	–
江苏	174	452.44	79.79	17.64	863.96	177.94	20.60
浙江	100	304.55	30.93	10.15	507.08	70.11	13.83
安徽	72	192.05	17.37	9.04	286.97	22.65	7.89
福建	91	208.66	36.19	17.35	378.45	75.39	19.92
江西	49	–	–	–	–	–	–
山东	127	264.60	26.66	10.08	487.97	66.17	13.56
河南	93	970.35	12.65	1.30	1 181.78	19.34	1.64
湖北	122	320.11	21.86	6.83	480.42	47.02	9.79
湖南	82	343.24	15.20	4.43	772.22	53.12	6.88
广东	408	1 219.75	323.95	26.56	2 160.97	558.33	25.84
广西	58	186.12	39.60	21.28	369.44	76.76	20.78
海南	47	135.44	19.53	14.42	203.04	30.01	14.78
重庆	25	67.98	13.54	19.92	111.49	21.73	19.49
四川	97	238.39	18.72	7.85	411.06	40.66	9.89
贵州	37	100.82	7.23	7.17	206.74	14.76	7.14
云南	95	271.66	35.01	12.89	441.75	55.08	12.47
西藏	13	18.33	5.39	29.42	38.15	12.31	32.28
陕西	45	86.52	35.73	41.29	217.00	80.11	36.91
甘肃	38	99.97	9.83	9.83	175.85	16.80	9.55
青海	13	43.04	1.28	2.98	74.97	2.16	2.88
宁夏	8	11.76	0.32	2.70	25.03	0.77	3.07
新疆	65	115.72	15.38	13.29	245.38	46.79	19.07

4－1－9　全国星级饭店的每间客房年收入

地　区	汇总单位（座）	饭店规模		出租率（%）	每间客房年收入（万元）	每间客房年接待人数（人）	每间客房年接待人天数（人天）
		客房数（间）	床位数（张）				
合　计	**2 724**	**403 570**	**796 038**	**56.08**	**13.93**	**175**	**320**
北　京	250	53 114	96 799	60.23	22.15	93	288
天　津	52	7 607	14 411	47.01	12.20	93	245
河　北	87	10 756	23 293	47.40	8.85	175	251
山　西	44	5 599	11 367	53.73	6.38	200	436
内蒙古	31	3 668	7 962	57.15	5.23	165	251
辽　宁	125	15 867	29 023	55.43	11.74	130	265
吉　林	72	7 317	15 911	48.61	6.94	145	292
黑龙江	87	8 927	19 523	44.36	3.41	206	358
上　海	117	29 805	53 512	62.73	22.55	－	－
江　苏	174	23 878	46 004	54.03	15.62	189	362
浙　江	100	15 348	29 498	58.98	19.26	198	330
安　徽	72	8 214	17 897	53.45	8.10	233	349
福　建	91	11 921	23 316	57.49	12.55	175	317
江　西	49	6 602	13 520	53.34	6.30	－	－
山　东	127	16 803	32 771	50.18	12.24	157	290
河　南	93	14 224	31 171	63.70	6.59	－	－
湖　北	122	14 021	28 261	54.40	10.26	228	343
湖　南	82	8 717	18 574	52.70	10.68	－	－
广　东	408	63 211	123 419	59.32	19.07	192	342
广　西	58	11 571	22 625	53.35	7.88	160	319
海　南	47	7 047	13 508	51.79	9.02	192	288
重　庆	25	3 635	6 915	53.15	16.62	187	307
四　川	97	13 939	27 691	51.30	7.25	171	295
贵　州	37	4 038	8 436	61.77	7.72	249	512
云　南	95	9 018	18 683	58.67	8.70	301	490
西　藏	13	1 730	3 825	39.30	6.11	105	220
陕　西	45	10 158	21 971	55.40	7.27	85	213
甘　肃	38	5 618	11 738	58.67	6.04	177	313
青　海	13	1 685	3 533	50.40	5.91	255	445
宁　夏	8	945	1 995	40.39	4.80	124	265
新　疆	65	8 587	18 686	45.10	4.31	134	286

4－1－10 全国星级饭店的人均效益

地　区	全员劳动生产率（万元/人）	人均实现利　润（万元/人）	人均实现利　税（万元/人）	人均占用固定资产原值（万元/人）	职工人数（人）
合　计	**8.06**	**0.21**	**0.60**	**17.44**	**698 036**
北　京	12.47	1.27	1.87	26.23	94 320
天　津	6.88	－0.46	－0.13	11.35	13 481
河　北	6.51	0.25	0.54	12.79	14 616
山　西	3.94	－0.02	0.18	10.13	9 068
内蒙古	3.90	－0.15	0.02	8.64	4 923
辽　宁	6.80	－0.42	－0.08	20.81	27 405
吉　林	4.07	－0.97	－0.78	14.21	12 483
黑龙江	1.84	－0.14	－0.07	10.44	16 559
上　海	12.89	1.25	1.93	23.49	52 140
江　苏	8.21	－0.03	0.32	17.26	45 452
浙　江	10.14	0.38	0.77	16.30	29 144
安　徽	4.98	0.10	0.34	10.69	13 360
福　建	6.98	0.00	0.40	13.79	21 426
江　西	5.46	－0.20	0.07	10.03	7 615
山　东	7.13	－0.65	－0.30	15.70	28 862
河　南	4.58	0.06	0.34	6.71	20 474
湖　北	5.57	－0.05	0.20	13.12	25 807
湖　南	9.58	0.53	1.00	13.39	9 720
广　东	8.57	0.41	0.82	16.28	140 642
广　西	4.87	－1.43	－1.18	15.70	18 734
海　南	6.08	－0.96	－0.63	21.18	10 452
重　庆	9.47	0.40	0.90	7.75	6 380
四　川	4.50	0.03	0.27	29.29	22 458
贵　州	4.57	－0.07	0.18	10.41	6 822
云　南	6.52	0.33	0.64	12.68	12 033
西　藏	5.27	0.71	0.98	22.06	2 005
陕　西	7.19	－2.81	－2.47	22.93	10 273
甘　肃	3.69	－0.15	0.04	12.40	9 196
青　海	3.58	－0.78	－0.62	10.99	2 782
宁　夏	2.74	－0.25	－0.11	8.22	1 657
新　疆	4.78	－0.16	0.09	9.37	7 747

（二）五星级饭店资料

4－2－1　全国五星级饭店综合情况

饭店经济类型 规模		饭店数（座）	房间数（间）	床位数（张）	客房出租率（%）	营业收入（万元）	营业税金（万元）	固定资产（万元）
饭店经济类型	**合　计**	**57**	**29 131**	**49 591**	**62.92**	**1 195 415.07**	**60 395.98**	**2 424 810.54**
	国有经济	7	4 540	8 228	61.46	168 131.87	6 367.43	684 075.84
	联营经济	3	814	3 093	50.18	23 189.56	1 213.96	105 757.74
	股份制经济	3	1 364	2 216	64.62	41 174.95	2 172.82	155 616.00
	外商投资经济	33	16 080	26 179	63.29	678 577.22	36 239.50	1 175 873.93
	港澳台投资	11	6 333	9 875	64.92	284 341.47	14 402.27	303 487.03
饭店规模	**合　计**	**57**	**29 131**	**49 591**	**62.92**	**1 195 415.07**	**60 395.98**	**2 424 810.54**
	500 间以上	29	19 298	32 745	63.72	872 580.09	44 565.96	1 682 412.75
	300－499 间	22	8 283	14 155	61.23	259 729.13	12 493.28	651 701.40
	200－299 间	6	1 550	2 691	61.87	63 105.85	3 336.74	90 696.39

4－2－2 全国五星级饭店的地区分布

地　　区	饭店数（座）	房间数（间）	床位数（张）	客房出租率（%）	营业收入（万元）	固定资产原值（万元）
合　计	**57**	**29 131**	**49 591**	**62.92**	**1 195 415.07**	**2 424 810.54**
北　京	16	8 628	14 599	64.85	420 111.75	668 291.72
天　津	1	294	278	78.97	14 000.25	7 396.68
辽　宁	2	1 094	1 374	50.77	26 330.04	28 253.00
上　海	7	4 455	6 744	65.91	204 960.44	356 867.07
江　苏	1	600	902	68.46	51 004.04	58 623.46
山　东	3	1 521	2 045	50.50	28 621.09	66 965.40
湖　南	1	289	433	67.49	15 820.25	—
广　东	15	8 227	14 166	65.69	357 488.31	605 445.68
广　西	3	1 063	2 082	47.22	14 628.44	62 647.16
海　南	2	764	1 384	44.84	13 587.56	65 529.74
四　川	2	933	1 535	63.38	23 832.92	403 728.63
陕　西	4	1 263	3 949	60.42	25 029.98	101 062.00

4－2－3 全国五星级饭店的经济类型

单位:座

地　　区	总　计	国有经济	集体经济	私营经济	联营经济	股份制	外商投资	港澳台
合　计	**57**	**7**	**0**	**0**	**3**	**3**	**33**	**11**
北　京	16	2	0	0	0	0	14	0
天　津	1	0	0	0	0	0	1	0
辽　宁	2	0	0	0	0	0	0	2
上　海	7	1	0	0	0	1	3	2
江　苏	1	1	0	0	0	0	0	0
山　东	3	0	0	0	0	0	3	0
湖　南	1	0	0	0	0	1	0	0
广　东	15	2	0	0	0	0	6	7
广　西	3	0	0	0	0	0	3	0
海　南	2	0	0	0	2	0	0	0
四　川	2	1	0	0	0	0	1	0
陕　西	4	0	0	0	1	1	2	0

4－2－4 全国五星级饭店的客房规模

单位:座

地　　区	总　计	客房间数 500以上	客房间数 300－499	客房间数 200－299	客房间数 100－199
合　计	57	30	22	6	0
北　京	16	9	6	1	0
天　津	1	0	0	1	0
辽　宁	2	1	1	0	0
上　海	7	7	0	0	0
江　苏	1	1	0	0	0
山　东	3	2	1	0	0
湖　南	1	0	0	1	0
广　东	15	7	6	2	0
广　西	3	0	2	1	0
海　南	2	0	2	0	0
四　川	2	1	1	0	0
陕　西	4	2	3	0	0

4－2－5 全国五星级饭店的营业收入总额

地　　区	汇总单位(座)	营业收入(万元)	#客　房(万元)	#餐　饮(万元)	#商　品(万元)
合　计	57	1 195 415.07	540 092.35	351 848.14	61 938.65
北　京	16	420 111.75	186 553.07	109 982.94	25 083.14
天　津	1	14 000.25	9 597.21	2 559.30	43.60
辽　宁	2	26 330.04	13 678.70	7 956.88	2 684.80
上　海	7	204 960.44	117 397.90	60 426.47	5 261.55
江　苏	1	51 004.04	10 711.40	9 034.34	16 348.71
山　东	3	28 621.09	14 833.06	8 477.04	929.70
湖　南	1	15 820.25	6 844.75	7 728.86	37.03
广　东	15	357 488.31	137 111.71	123 095.59	8 799.37
广　西	3	14 628.44	7 786.08	5 389.20	91.14
海　南	2	13 587.56	8 126.52	3 116.00	169.22
四　川	2	23 832.92	14 807.42	6 306.29	1 121.35
陕　西	4	25 029.98	12 644.53	7 775.23	1 369.04

4－2－6 全国五星级饭店的营业收入构成

地区	汇总单位(座)	营业收入(万元)	#客房(%)	#餐饮(%)	#商品(%)
合计	**57**	**1 195 415.07**	**45.18**	**29.43**	**5.18**
北京	16	420 111.75	44.41	26.18	5.97
天津	1	14 000.25	68.55	18.28	0.31
辽宁	2	26 330.04	51.95	30.22	10.20
上海	7	204 960.44	57.28	29.48	2.57
江苏	1	51 004.04	21.00	17.71	32.05
山东	3	28 621.09	51.83	29.62	3.25
湖南	1	15 820.25	43.27	48.85	0.23
广东	15	357 488.31	38.35	34.43	2.46
广西	3	14 628.44	53.23	36.84	0.62
海南	2	13 587.56	59.81	22.93	1.25
四川	2	23 832.92	62.13	26.46	4.71
陕西	4	25 029.98	50.52	31.06	5.47

4－2－7 全国五星级饭店的住宿人数和人天数

地区	汇总单位(座)	住宿人数			住宿人天数		
		总人数(万人)	海外旅游者(万人)	海外占百分比(%)	住宿人天数(万人夜)	海外旅游者(万人夜)	海外占百分比(%)
合计	**57**	**303.89**	**226.68**	**74.59**	**697.16**	**521.57**	**74.81**
北京	16	80.07	69.06	86.25	244.78	199.55	81.53
天津	1	1.52	1.29	85.23	13.66	13.14	96.18
辽宁	2	7.01	2.93	41.81	16.78	8.44	50.31
上海	7	–	–	–	–	–	–
江苏	1	6.84	4.65	67.92	18.44	12.49	67.76
山东	3	9.94	4.63	46.59	25.42	14.38	56.57
湖南	1	3.56	1.41	39.72	8.92	3.87	43.44
广东	15	143.50	105.30	73.38	260.33	190.24	73.07
广西	3	16.04	12.82	79.93	28.60	22.77	79.60
海南	2	7.67	4.62	60.26	15.96	8.86	55.49
四川	2	11.13	6.45	57.89	22.83	13.29	58.22
陕西	4	16.61	13.51	81.38	41.44	34.53	83.34

4－2－8　全国五星级饭店的每间客房年收入

地　　区	汇　总 单　位 (座)	饭店规模		出租率 (%)	每间客房 年收入 (万元)	每间客房 年接待 人　数 (人)	每间客房 年接待 人天数 (人天)
		客房数 (间)	床位数 (张)				
合　计	**57**	**29 131**	**49 591**	**62.92**	**41.04**	**104**	**239**
北　京	16	8 628	14 599	64.85	48.69	92	284
天　津	1	294	378	78.97	47.62	51	465
辽　宁	2	1 094	1 374	50.77	24.07	64	153
上　海	7	4 455	6 744	65.91	46.01	－	－
江　苏	1	600	902	68.46	85.01	114	307
山　东	3	1 521	2 045	50.50	18.82	65	167
湖　南	1	289	433	67.49	54.74	123	309
广　东	15	8 227	14 166	65.69	43.45	174	316
广　西	3	1 063	2 082	47.22	13.76	150	269
海　南	2	764	1 384	44.84	17.78	100	209
四　川	2	933	1 535	63.38	25.54	119	245
陕　西	4	1 263	3 949	60.42	19.82	131	328

4－2－9　全国五星级饭店的人均效益

地　　区	全员劳动 生产率 (万元/人)	人均实现 利　　润 (万元/人)	人均实现 利　　税 (万元/人)	人均占用固 定资产原值 (万元/人)	职工人数 (人)
合　计	**17.78**	**2.68**	**3.58**	**36.07**	**67 224**
北　京	23.41	4.57	5.78	37.25	17 943
天　津	24.65	4.40	5.62	13.02	568
辽　宁	11.62	1.45	2.01	12.47	2 265
上　海	26.08	5.35	6.83	45.41	7 859
江　苏	20.62	0.07	0.63	23.71	2 473
山　东	10.48	－1.48	－0.93	24.51	2 732
湖　南	－	－	－	－	－
广　东	14.05	2.23	2.92	23.80	25 437
广　西	8.80	－2.14	－1.69	37.67	1 663
海　南	9.92	－0.15	0.38	47.83	1 370
四　川	8.44	1.71	2.13	142.96	2 824
陕　西	11.98	－4.99	－4.39	48.36	2 090

(三)四星级饭店资料

4－3－1　全国四星级饭店综合情况

饭店经济类型 规模		饭店数（座）	房间数（间）	床位数（张）	客房出租率（%）	营业收入（万元）	营业税金（万元）	固定资产（万元）
饭店经济类型	**合　计**	**157**	**54 036**	**96 802**	**61.04**	**1 341 127.22**	**63 549.22**	**2 849 538.79**
	国有经济	50	19 370	35 983	60.19	365 259.46	18 887.92	841 779.61
	集体经济	3	530	1 029	55.22	6 582.86	374.29	9 871.18
	私营经济	1	172	327	41.17	1 573.00	84.00	12 556.00
	联营经济	4	1 151	2 129	45.04	19 187.15	965.30	31 909.48
	股份制经济	8	1 758	3 492	57.94	43 796.20	2 191.37	149 234.70
	外商投资经济	54	19 612	33 612	62.17	595 194.74	25 963.48	1 206 465.05
	港澳台投资	37	11 443	20 230	62.84	309 533.81	15 082.86	597 722.77
饭店规模	**合　计**	**157**	**54 036**	**96 802**	**61.04**	**1 341 127.22**	**63 549.22**	**2 849 538.79**
	500 间以上	20	15 600	27 208	61.78	329 365.28	16 880.43	658 004.36
	300－499 间	62	24 117	42 925	61.94	587 991.44	29 088.51	1 405 522.80
	200－299 间	44	10 685	19 635	59.84	327 090.02	12 426.32	560 686.45
	100－199 间	22	3 453	6 698	54.99	73 928.62	3 954.24	195 931.76
	1－99 间	9	181	336	62.27	22 751.86	1 199.72	29 393.42

4－3－2　全国四星级饭店的地区分布

地　　区	饭店数（座）	房间数（间）	床位数（张）	客　房出租率（%）	营业收入（万元）	固定资产原值（万元）
合　计	**157**	**54 036**	**96 802**	**61.04**	**1 341 127.22**	**2 849 538.79**
北　京	26	15 099	26 264	64.73	435 882.08	1 041 361.64
天　津	4	1 244	2 052	64.52	32 088.35	40 129.85
河　北	1	216	430	65.64	7 723.53	9 196.53
山　西	2	621	1 137	80.42	11 215.51	20 517.62
辽　宁	7	2 124	3 247	61.04	44 465.00	161 433.00
吉　林	2	187	864	50.97	2 975.79	1 842.70
上　海	15	7 226	12 398	66.03	204 057.07	413 861.70
江　苏	13	3 985	7 107	59.69	85 763.81	217 935.22
浙　江	6	929	1 599	59.44	35 682.08	73 242.30
安　徽	1	427	800	63.45	7 400.00	10 013.00
福　建	6	1 811	2 990	63.94	45 623.84	74 967.46
江　西	1	247	445	53.87	3 855.94	16 113.44
山　东	9	2 066	4 053	49.04	37 372.30	95 297.60
湖　北	4	721	1 253	59.76	21 299.65	49 028.42
湖　南	2	479	853	52.85	7 452.64	17 832.45
广　东	32	8 274	15 943	60.73	226 467.82	321 693.37
广　西	2	899	1 624	39.87	7 189.62	18 638.00
海　南	8	2 014	3 605	48.15	22 724.68	14 995.00
重　庆	2	619	1 070	67.78	25 942.00	62 686.96
四　川	2	483	854	47.40	9 584.86	26 529.93
云　南	5	1 376	2 589	72.60	39 839.41	70 289.80
陕　西	5	2 245	4 351	52.27	17 580.44	60 157.80
甘　肃	1	384	677	29.87	3 580.00	31 775.00
新　疆	1	360	597	41.73	5 360.80	－

4－3－3　全国四星级饭店的经济类型

单位:座

地　区	总　计	国有经济	集体经济	私营经济	联营经济	股 份 制	外商投资	港 澳 台
合　计	**157**	**50**	**3**	**1**	**4**	**8**	**54**	**37**
北　京	26	10	0	0	0	1	15	0
天　津	4	0	0	0	0	0	4	0
河　北	1	1	0	0	0	0	0	0
山　西	2	2	0	0	0	0	0	0
辽　宁	7	1	0	0	0	0	2	4
吉　林	2	2	0	0	0	0	0	0
上　海	15	7	0	0	0	0	2	6
江　苏	13	6	1	0	0	0	5	1
浙　江	6	2	0	0	1	1	0	2
安　徽	1	0	0	0	0	0	1	0
福　建	6	0	0	0	0	0	2	4
江　西	1	1	0	0	0	0	0	0
山　东	9	3	0	0	0	0	5	1
湖　北	4	0	0	0	0	1	0	3
湖　南	2	1	0	0	0	0	1	0
广　东	32	7	1	0	1	2	7	14
广　西	2	0	0	0	0	0	2	0
海　南	8	1	1	0	2	2	2	0
重　庆	2	0	0	0	0	0	2	0
四　川	2	2	0	0	0	0	0	0
云　南	5	1	0	1	0	0	2	1
陕　西	5	3	0	0	0	1	0	1
甘　肃	1	0	0	0	0	0	1	0
新　疆	1	0	0	0	0	0	1	0

4－3－4　全国四星级饭店的客房规模

单位:座

地　区	总　计	客房间数 500 以上	客房间数 300－499	客房间数 200－299	客房间数 100－199	客房间数 99 以下
合　计	**157**	**20**	**62**	**44**	**22**	**9**
北　京	26	9	12	5	0	0
天　津	4	0	2	2	0	0
河　北	1	0	0	1	0	0
山　西	2	0	1	0	1	0
辽　宁	7	1	1	4	1	0
吉　林	2	0	0	0	1	1
上　海	15	6	8	1	0	0
江　苏	13	0	9	1	3	0
浙　江	6	0	1	1	2	2
安　徽	1	0	1	0	0	0
福　建	6	0	3	3	0	0
江　西	1	0	0	1	0	0
山　东	9	0	2	3	4	0
湖　北	4	0	0	2	1	1
湖　南	2	0	0	2	0	0
广　东	32	1	13	8	5	5
广　西	2	1	0	1	0	0
海　南	8	0	2	4	2	0
重　庆	2	0	1	1	0	0
四　川	2	0	1	0	1	0
云　南	5	0	2	2	1	0
陕　西	5	2	1	2	0	0
甘　肃	1	0	1	0	0	0
新　疆	1	0	1	0	0	0

4－3－5 全国四星级饭店的营业收入总额

地 区	汇总单位（座）	营业收入（万元）	#客房（万元）	#餐饮（万元）	#商品（万元）
合 计	**157**	**1 341 127.22**	**606 846.91**	**385 805.21**	**130 689.84**
北 京	26	435 882.08	166 510.86	87 514.18	79 874.91
天 津	4	32 088.35	17 638.16	6 962.84	2 288.35
河 北	1	7 723.53	2 384.96	3 444.63	591.54
山 西	2	11 215.51	7 068.52	3 109.83	345.71
辽 宁	7	44 465.00	25 479.00	15 563.00	1 255.40
吉 林	2	2 975.79	1 665.65	1 004.80	–
上 海	15	204 057.07	116 579.66	60 353.52	7 210.14
江 苏	13	85 763.81	46 305.66	26 474.00	6 631.98
浙 江	6	35 682.08	16 725.68	12 278.41	1 595.11
安 徽	1	7 400.00	3 607.00	2 070.00	810.00
福 建	6	45 623.84	22 345.25	15 679.97	2 367.65
江 西	1	3 855.94	2 045.20	920.32	297.43
山 东	9	37 372.30	16 912.91	16 075.51	1 330.39
湖 北	4	21 299.65	15 717.26	4 845.10	32.30
湖 南	2	7 452.64	3 944.70	2 160.69	–
广 东	32	226 467.82	80 240.99	92 263.85	12 239.04
广 西	2	7 189.62	3 777.99	2 426.43	36.11
海 南	8	22 724.68	13 205.83	6 479.90	343.76
重 庆	2	25 942.00	9 696.00	4 415.00	6 780.00
四 川	2	9 584.86	4 679.38	1 933.01	1 286.45
云 南	5	39 839.41	15 970.18	11 098.07	4 545.57
陕 西	5	17 580.44	9 585.35	5 546.76	828.00
甘 肃	1	3 580.00	1 732.00	1 492.00	–
新 疆	1	5 360.80	3 028.72	1 693.39	–

4－3－6　全国四星级饭店的营业收入构成

地　区	汇总单位（座）	营业收入（万元）	#客　房（%）	#餐　饮（%）	#商　品（%）
合　计	**157**	**1 341 127.22**	**45.25**	**28.77**	**9.74**
北　京	26	435 882.08	38.20	20.08	18.32
天　津	4	32 088.35	54.97	21.70	7.13
河　北	1	7 723.53	30.88	44.60	7.66
山　西	2	11 215.51	63.02	27.73	3.08
辽　宁	7	44 465.00	57.30	35.00	2.82
吉　林	2	2 975.79	55.97	33.77	－
上　海	15	204 057.07	57.13	29.58	3.53
江　苏	13	85 763.81	53.99	30.87	7.73
浙　江	6	35 682.08	46.87	34.41	4.47
安　徽	1	7 400.00	48.74	27.97	10.95
福　建	6	45 623.84	48.97	24.37	5.19
江　西	1	3 855.94	53.04	23.87	7.71
山　东	9	37 372.30	45.26	43.01	3.56
湖　北	4	21 299.65	73.79	22.75	0.15
湖　南	2	7 452.64	52.93	28.99	－
广　东	32	226 467.82	35.43	40.74	5.40
广　西	2	7 189.62	52.55	33.75	0.50
海　南	8	22 724.68	58.11	28.51	1.51
重　庆	2	25 942.00	37.38	17.02	26.14
四　川	2	9 584.86	48.82	20.17	13.42
云　南	5	39 839.41	40.09	27.86	11.41
陕　西	5	17 580.44	54.52	31.55	4.71
甘　肃	1	3 580.00	48.38	41.68	－
新　疆	1	5 360.80	56.50	31.59	－

4－3－7 全国四星级饭店的住宿人数和人天数

地　区	汇总单位（座）	住宿人数			住宿人天数		
		总人数（万人）	海外旅游者（万人）	海外占百分比（%）	住宿人天数（万人夜）	海外旅游者（万人夜）	海外占百分比（%）
合　计	**157**	**609.48**	**324.60**	**53.26**	**1 374.75**	**764.14**	**55.58**
北　京	26	124.02	88.32	71.21	442.79	289.85	65.46
天　津	4	8.41	4.30	51.19	25.17	18.45	73.29
河　北	1	2.26	0.28	12.32	4.61	0.90	19.45
山　西	2	8.86	1.32	14.90	22.11	3.05	13.77
辽　宁	7	25.01	6.45	25.80	43.74	19.18	43.85
吉　林	2	2.34	0.25	10.63	5.36	1.66	30.99
上　海	15	－	－	－	－	－	－
江　苏	13	60.36	39.11	64.79	114.80	75.42	65.69
浙　江	6	28.07	10.41	37.08	50.66	20.96	41.38
安　徽	1	7.62	0.97	12.78	14.36	2.59	18.05
福　建	6	24.05	13.37	55.59	54.45	32.35	59.41
江　西	1	－	－	－	－	－	－
山　东	9	19.18	6.71	34.99	42.19	17.78	42.14
湖　北	4	7.67	6.11	79.69	18.82	15.31	81.35
湖　南	2	7.00	1.46	20.88	12.85	3.96	30.82
广　东	32	161.78	80.09	49.51	269.39	137.98	51.22
广　西	2	10.00	8.64	86.44	19.95	17.07	85.55
海　南	8	36.47	9.77	26.78	56.96	14.44	25.35
重　庆	2	9.05	6.03	66.57	15.52	9.72	62.64
四　川	2	7.06	3.44	48.75	27.10	12.10	44.65
云　南	5	28.38	18.82	66.30	54.59	32.97	60.39
陕　西	5	25.62	14.56	56.83	64.82	29.88	46.10
甘　肃	1	2.85	1.87	65.55	6.51	3.44	52.79
新　疆	1	3.41	2.32	67.90	8.00	5.11	63.88

4－3－8　全国四星级饭店的每间客房年收入

地　　区	汇　总 单　位 （座）	饭店规模		出租率 （%）	每间客房 年收入 （万元）	每间客房 年接待 人　数 （人）	每间客房 年接待 人天数 （人天）
		客房数 （间）	床位数 （张）				
合　计	**157**	**54 036**	**96 802**	**61.04**	**24.82**	**112**	**254**
北　京	26	15 099	26 264	64.73	28.87	82	293
天　津	4	1 244	2 052	64.52	25.79	67	202
河　北	1	216	430	65.64	35.76	104	213
山　西	2	621	1 137	80.43	18.06	142	356
辽　宁	7	2 124	3 247	61.04	20.93	117	206
吉　林	2	187	864	50.97	15.91	125	287
上　海	15	7 226	12 398	66.03	28.24	－	－
江　苏	13	3 985	7 107	59.69	21.52	151	288
浙　江	6	929	1 599	59.144	38.41	302	－
安　徽	1	427	800	63.45	17.33	178	336
福　建	6	1 811	2 990	63.94	25.19	132	301
江　西	1	247	445	53.87	15.61	－	－
山　东	9	2 066	4 053	49.04	18.09	92	204
湖　北	4	721	1 253	59.76	29.54	106	261
湖　南	2	479	853	52.85	15.56	146	268
广　东	32	8 274	15 943	60.73	27.37	195	326
广　西	2	899	1 624	39.87	8.00	111	222
海　南	8	2 014	3 605	48.15	11.28	181	283
重　庆	2	619	1 070	67.78	41.91	146	251
四　川	2	483	854	47.40	19.84	146	－
云　南	5	1 376	2 589	72.60	28.95	206	397
陕　西	5	2 245	4 351	52.27	7.83	114	289
甘　肃	1	384	677	29.87	9.32	74	169
新　疆	1	360	597	41.73	14.89	94	222

4-3-9 全国四星级饭店的人均效益

地　区	全员劳动生产率(万元/人)	人均实现利润(万元/人)	人均实现利税(万元/人)	人均占用固定资产原值(万元/人)	职工人数(人)
合　计	**12.76**	**0.35**	**0.95**	**27.11**	**105 117**
北　京	15.85	1.44	2.12	37.88	27 492
天　津	14.18	-1.20	-0.54	17.73	2 263
河　北	9.90	0.53	0.72	11.79	780
山　西	7.50	-0.25	0.16	13.72	1 495
辽　宁	12.13	-1.56	-0.94	44.04	3 666
吉　林	5.82	-4.58	-4.25	3.61	511
上　海	16.63	1.55	2.42	33.73	12 270
江　苏	11.40	0.37	0.93	28.97	7 523
浙　江	12.58	0.80	1.47	25.82	2 837
安　徽	9.25	0.63	1.11	12.52	800
福　建	10.31	-0.08	0.46	16.95	4 424
江　西	6.03	0.15	0.46	25.22	639
山　东	9.03	-2.30	-1.84	23.03	4 138
湖　北	14.73	1.55	2.12	33.91	1 446
湖　南	24.43	-6.62	-5.39	58.47	305
广　东	10.40	0.08	0.57	14.78	21 771
广　西	6.30	-5.32	-5.02	16.32	1 142
海　南	8.70	-0.70	-0.22	23.99	2 613
重　庆	14.84	2.34	3.05	8.58	1 748
四　川	6.88	-0.03	0.37	19.05	1 393
云　南	11.90	2.08	2.64	21.00	3 347
陕　西	8.98	-6.69	-6.24	30.74	1 957
甘　肃	6.43	-1.63	-1.22	57.05	557
新　疆	-	-	-	-	-

（四）三星级饭店资料

4－4－1　全国三星级饭店综合情况

饭店经济类型规模		饭店数（座）	房间数（间）	床位数（张）	客房出租率（%）	营业收入（万元）	营业税金（万元）	固定资产（万元）
饭店经济类型	**合　计**	**895**	**157 312**	**305 925**	**56.86**	**2 071 722.11**	**99 258.43**	**4 594 800.80**
	国有经济	536	98 317	193 648	55.84	1 141 712.56	54 943.79	2 533 812.58
	集体经济	70	8 994	17 919	55.39	112 518.32	5 765.57	386 853.37
	私营经济	7	1 088	2 057	50.53	17 927.52	874.68	34 995.00
	联营经济	17	3 447	6 974	59.33	36 468.86	1 777.86	84 973.73
	股份制经济	50	7 896	15 106	59.76	96 197.94	5 167.84	207 785.17
	外商投资经济	137	23 906	44 658	60.16	405 861.87	20 250.53	862 545.96
	港澳台投资	78	13 664	25 563	57.78	261 035.04	10 478.16	483 834.99
饭店规模	**合　计**	**895**	**157 312**	**305 925**	**56.86**	**2 071 722.11**	**99 258.43**	**4 594 800.80**
	500 间以上	16	12 454	25 100	58.95	112 746.73	5 856.54	202 864.83
	300－499 间	89	32 285	62 136	58.63	373 449.19	17 829.38	908 300.41
	200－299 间	181	44 133	85 116	58.26	666 367.73	29 122.53	1 323 389.19
	100－199 间	386	55 235	107 944	54.61	676 909.42	33 670.72	1 605 428.96
	1－99 间	223	13 205	25 629	55.88	242 249.04	12 779.26	554 817.41

4－4－2　全国三星级饭店的地区分布

地　　区	饭店数（座）	房间数（间）	床位数（张）	客　房出租率（%）	营业收入（万元）	固定资产原值（万元）
合　计	**895**	**157 312**	**305 925**	**56.86**	**2 071 722.11**	**4 594 800.80**
北　京	60	13 574	25 078	62.42	213 944.55	524 778.83
天　津	23	3 836	7 358	42.26	32 901.97	76 937.99
河　北	30	4 859	10 003	51.37	63 621.93	128 257.71
山　西	9	1 319	2 716	46.47	9 094.76	24 907.84
内蒙古	8	1 476	3 000	57.72	12 746.03	30 472.89
辽　宁	41	6 081	11 176	56.46	72 709.69	240 043.37
吉　林	18	3 096	6 197	55.85	29 885.00	103 752.17
黑龙江	23	3 812	7 896	43.98	12 314.25	86 339.85
上　海	41	10 151	18 776	62.07	175 800.40	332 799.35
江　苏	80	12 059	23 026	52.98	170 986.65	347 973.76
浙　江	62	11 417	21 817	60.36	231 051.92	346 087.93
安　徽	17	2 591	5 396	56.49	26 990.52	51 421.91
福　建	42	6 226	12 255	57.54	77 128.86	146 112.00
江　西	18	2 592	5 338	57.63	22 442.54	33 450.70
山　东	54	7 907	15 218	51.74	100 305.79	201 662.80
河　南	32	7 307	14 822	59.61	51 580.81	83 114.43
湖　北	45	6 441	12 160	57.42	81 482.20	188 419.37
湖　南	18	3 374	7 081	54.52	39 420.81	62 698.50
广　东	145	24 389	47 958	59.73	440 188.60	990 758.04
广　西	27	5 927	11 475	56.11	50 534.78	168 094.04
海　南	20	3 146	6 085	55.28	22 817.40	70 987.55
重　庆	11	2 187	4 122	47.10	25 782.14	31 638.49
四　川	22	4 277	8 139	53.37	33 285.51	133 942.88
贵　州	3	732	1 747	69.96	8 906.15	15 051.07
云　南	7	742	1 462	60.52	5 284.54	9 420.00
西　藏	4	682	1 403	34.49	7 521.28	34 240.39
陕　西	15	3 350	6 448	58.37	22 287.71	63 365.06
甘　肃	11	2 408	5 083	57.15	17 368.13	41 131.63
青　海	1	395	783	46.88	4 073.92	13 364.62
宁　夏	1	159	309	69.72	1 142.80	280.61
新　疆	7	800	1 598	58.28	8 120.47	13 295.02

4－4－3 全国三星级饭店的经济类型

单位:座

地　　区	总　计	国有经济	集体经济	私营经济	联营经济	股份制	外商投资	港澳台
合　计	**895**	**536**	**70**	**7**	**17**	**50**	**137**	**78**
北　京	60	29	3	0	0	7	21	0
天　津	23	12	4	0	0	0	7	0
河　北	30	28	0	0	0	0	2	0
山　西	9	6	2	0	0	1	0	0
内蒙古	8	5	0	0	0	0	2	1
辽　宁	41	16	2	0	0	5	13	5
吉　林	18	12	0	0	0	0	5	1
黑龙江	23	18	0	0	2	1	2	0
上　海	41	24	5	0	3	1	4	4
江　苏	80	59	9	0	1	3	4	4
浙　江	62	33	8	0	1	8	4	8
安　徽	17	11	1	1	0	0	1	3
福　建	42	17	1	0	1	2	9	12
江　西	18	13	0	0	0	1	0	4
山　东	54	45	2	0	0	1	6	0
河　南	32	28	1	0	2	0	1	0
湖　北	45	34	1	1	0	4	1	4
湖　南	18	12	4	0	0	1	0	1
广　东	145	59	20	2	5	3	36	20
广　西	27	10	0	1	0	1	9	6
海　南	20	4	2	1	2	6	2	3
重　庆	11	7	1	1	0	0	2	0
四　川	22	17	0	0	0	3	2	0
贵　州	3	1	0	0	0	0	2	0
云　南	7	5	2	0	0	0	0	0
西　藏	4	4	0	0	0	0	0	0
陕　西	15	9	1	0	0	2	1	2
甘　肃	11	10	0	0	0	0	1	0
青　海	1	1	0	0	0	0	0	0
宁　夏	1	1	0	0	0	0	0	0
新　疆	7	6	1	0	0	0	0	0

4－4－4　全国三星级饭店的客房规模

单位:座

地　区	总　计	客房间数 500 以上	客房间数 300－499	客房间数 200－299	客房间数 100－199	客房间数 99 以下
合　计	**895**	**16**	**89**	**181**	**386**	**223**
北　京	60	2	18	14	12	14
天　津	23	1	1	3	10	8
河　北	30	0	2	8	11	9
山　西	9	0	1	0	7	1
内蒙古	8	0	1	3	2	2
辽　宁	41	0	4	6	13	18
吉　林	18	0	2	4	9	3
黑龙江	23	0	3	6	8	6
上　海	41	1	9	15	16	0
江　苏	80	0	5	11	46	18
浙　江	62	3	2	14	33	10
安　徽	17	0	1	2	11	3
福　建	42	0	1	12	15	14
江　西	18	0	1	3	9	5
山　东	54	0	2	10	28	14
河　南	32	3	1	5	10	13
湖　北	45	0	2	4	27	12
湖　南	18	0	3	5	4	6
广　东	145	4	10	31	52	48
广　西	27	0	6	7	13	1
海　南	20	0	1	5	10	4
重　庆	11	0	2	4	5	0
四　川	22	0	3	4	13	2
贵　州	3	0	1	0	1	1
云　南	7	0	0	0	4	3
西　藏	4	0	1	0	2	1
陕　西	15	1	3	4	4	3
甘　肃	11	1	2	1	5	2
青　海	1	0	1	0	0	0
宁　夏	1	0	0	0	1	0
新　疆	7	0	0	0	5	2

4－4－5　全国三星级饭店的营业收入总额

地　区	汇总单位（座）	营业收入（万元）	#客　房（万元）	#餐　饮（万元）	#商　品（万元）
合　计	**895**	**2 071 722.11**	**895 199.14**	**703 111.23**	**199 953.74**
北　京	60	213 944.55	107 533.44	49 237.75	6 809.67
天　津	23	32 901.97	18 552.48	8 216.92	2 089.91
河　北	30	63 621.93	22 847.98	23 622.06	8 067.99
山　西	9	9 094.76	5 044.00	3 229.65	333.86
内蒙古	8	12 746.03	5 550.22	4 040.89	2 170.39
辽　宁	41	72 709.69	38 020.38	24 047.06	2 243.38
吉　林	18	29 885.00	14 765.77	11 702.15	1 768.97
黑龙江	23	12 314.25	7 912.41	3 140.33	71.45
上　海	41	175 800.40	89 071.27	52 746.99	14 513.23
江　苏	80	170 986.65	68 499.15	61 223.63	27 649.85
浙　江	62	231 051.92	67 954.86	61 649.26	78 530.19
安　徽	17	26 990.52	14 577.05	9 866.24	1 541.13
福　建	42	77 128.86	34 810.69	27 331.81	6 396.28
江　西	18	22 442.54	12 233.64	7 024.35	1 024.74
山　东	54	100 305.79	40 589.47	43 332.76	6 468.56
河　南	32	51 580.81	25 456.91	20 677.33	1 317.03
湖　北	45	81 482.20	39 010.96	28 971.32	5 946.95
湖　南	18	39 420.81	16 358.15	14 843.62	1 492.15
广　东	145	440 188.60	164 042.36	176 869.28	19 883.00
广　西	27	50 534.78	21 900.25	21 177.16	2 510.43
海　南	20	22 817.40	10 775.11	8 747.75	278.64
重　庆	11	25 782.14	13 496.76	8 290.24	1 564.18
四　川	22	33 285.51	17 999.64	10 073.25	1 335.47
贵　州	3	8 906.15	5 436.96	2 476.43	575.69
云　南	7	5 284.54	3 044.57	1 363.20	234.76
西　藏	4	7 521.28	3 876.87	2 583.75	227.35
陕　西	15	22 287.71	11 545.30	6 429.40	1 285.38
甘　肃	11	17 368.13	8 161.43	4 885.82	2 639.07
青　海	1	4 073.92	1 660.76	1 538.63	665.51
宁　夏	1	1 142.80	492.85	494.82	42.83
新　疆	7	8 120.47	3 977.45	3 277.38	275.70

4－4－6 全国三星级饭店的营业收入构成

地　区	汇总单位（座）	营业收入（万元）	#客　房（%）	#餐　饮（%）	#商　品（%）
合　计	**895**	**2 071 722.11**	**43.21**	**33.94**	**9.65**
北　京	60	213 944.55	50.29	23.01	3.18
天　津	23	32 901.97	56.39	24.97	6.35
河　北	30	63 621.93	35.91	37.13	12.68
山　西	9	9 094.76	55.46	35.51	3.67
内蒙古	8	12 746.03	43.54	31.07	17.03
辽　宁	41	72 709.69	52.29	33.07	3.09
吉　林	18	29 885.00	49.41	39.16	5.92
黑龙江	23	12 314.25	64.25	25.50	0.58
上　海	41	175 800.40	50.67	30.00	8.26
江　苏	80	170 986.65	40.06	35.81	16.17
浙　江	62	231 051.92	29.41	26.68	33.99
安　徽	17	26 990.52	54.01	36.55	5.71
福　建	42	77 128.86	45.13	35.44	8.29
江　西	18	22 442.54	54.51	31.30	4.57
山　东	54	100 305.79	40.47	43.20	6.45
河　南	32	51 580.81	49.35	40.09	2.55
湖　北	45	81 482.20	47.88	35.56	7.30
湖　南	18	39 420.81	41.50	37.65	3.79
广　东	145	440 188.60	37.27	40.18	4.52
广　西	27	50 534.78	43.34	41.91	4.97
海　南	20	22 817.40	47.22	38.34	1.22
重　庆	11	25 782.14	52.35	32.15	6.07
四　川	22	33 285.51	54.08	30.26	4.01
贵　州	3	8 906.15	61.05	27.81	6.46
云　南	7	5 284.54	57.61	25.80	4.44
西　藏	4	7 521.28	51.55	34.35	3.02
陕　西	15	22 287.71	51.80	28.85	5.77
甘　肃	11	17 368.13	46.99	28.13	15.19
青　海	1	4 073.92	40.77	37.77	16.34
宁　夏	1	1 142.80	43.13	43.30	3.75
新　疆	7	8 120.47	48.98	40.36	3.40

4－4－7　全国三星级饭店的住宿人数和人天数

地区	汇总单位（座）	住宿人数			住宿人天数		
		总人数（万人）	海外旅游者（万人）	海外占百分比(%)	住宿人天数（万人夜）	海外旅游者（万人夜）	海外占百分比(%)
合　计	**895**	**2 537.42**	**369.86**	**14.58**	**4 745.89**	**776.53**	**16.36**
北　京	60	136.57	43.97	32.19	432.19	135.17	31.28
天　津	23	37.35	3.75	10.04	93.78	19.28	20.56
河　北	30	83.25	7.79	9.36	126.65	13.94	11.01
山　西	9	22.38	2.33	10.43	39.35	5.12	13.01
内蒙古	8	27.36	2.77	10.14	42.39	4.95	11.68
辽　宁	41	71.24	6.98	9.80	156.50	27.90	17.83
吉　林	18	46.00	3.51	7.63	107.87	7.05	6.53
黑龙江	23	121.19	4.83	3.98	164.28	10.05	6.12
上　海	41	－	－	－	－	－	－
江　苏	80	215.77	32.65	15.13	374.96	81.13	21.64
浙　江	62	208.08	19.87	9.55	351.18	47.42	13.50
安　徽	17	71.77	14.51	20.22	99.31	17.05	17.17
福　建	42	107.61	21.21	19.71	186.89	39.98	21.39
江　西	18	－	－	－	－	－	－
山　东	54	124.26	13.26	10.67	235.96	29.84	12.64
河　南	32	136.51	11.53	8.45	198.24	17.09	8.62
湖　北	45	139.00	14.49	10.42	212.03	28.39	13.39
湖　南	18	129.97	6.30	4.84	325.88	18.82	5.77
广　东	145	487.06	100.83	20.70	881.46	166.17	18.85
广　西	27	87.62	16.36	18.67	191.86	33.43	17.42
海　南	20	61.13	5.06	8.28	90.24	6.56	7.27
重　庆	11	29.79	7.24	24.29	51.06	11.57	22.66
四　川	22	76.44	5.87	7.68	140.43	8.72	6.21
贵　州	3	9.68	2.86	29.60	23.29	5.11	21.92
云　南	7	21.95	3.44	15.69	33.66	3.78	11.22
西　藏	4	5.84	3.07	52.49	12.35	6.40	51.82
陕　西	15	24.05	5.60	23.27	65.85	11.48	17.44
甘　肃	11	41.48	4.93	11.88	76.45	7.66	10.01
青　海	1	3.30	0.28	8.64	9.10	0.60	6.62
宁　夏	1	0.92	0.25	27.74	2.01	0.54	26.89
新　疆	7	9.85	4.31	43.80	20.37	11.36	55.77

4－4－8 全国三星级饭店的每间客房年收入

地　区	汇总单位(座)	饭店规模		出租率(%)	每间客房年收入(万元)	每间客房年接待人数(人)	每间客房年接待人天数(人天)
		客房数(间)	床位数(张)				
合　计	**895**	**157 312**	**305 925**	**56.86**	**13.17**	**161**	**302**
北　京	60	13 574	25 078	62.42	15.76	100	318
天　津	23	3 836	7 358	42.26	8.58	97	244
河　北	30	4 859	10 003	51.37	13.09	171	261
山　西	9	1 319	2 716	46.47	6.90	169	298
内蒙古	8	1 476	3 000	57.72	8.64	185	287
辽　宁	41	6 081	11 176	56.46	11.96	117	257
吉　林	18	3 096	6 197	55.85	9.65	148	348
黑龙江	23	3 812	7 896	43.98	3.23	317	431
上　海	41	10 151	18 776	62.07	17.32	—	—
江　苏	80	12 059	23 026	52.98	14.18	178	311
浙　江	62	11 417	21 817	60.36	20.24	182	308
安　徽	17	2 591	5 396	56.49	10.42	277	383
福　建	42	6 226	12 255	57.54	12.39	172	300
江　西	18	2 592	5 338	57.63	8.66	—	—
山　东	54	7 907	15 218	51.74	12.69	157	298
河　南	32	7 307	14 822	59.61	7.06	186	271
湖　北	45	6 441	12 160	57.42	12.65	215	329
湖　南	18	3 374	7 081	54.52	11.68	—	—
广　东	145	24 389	47 958	59.73	18.05	199	361
广　西	27	5 927	11 475	56.11	8.53	147	324
海　南	20	3 146	6 085	55.28	7.25	194	287
重　庆	11	2 187	4 122	47.10	11.79	136	233
四　川	22	4 277	8 139	53.37	7.78	178	328
贵　州	3	732	1 747	69.96	12.17	132	318
云　南	7	742	1 462	60.52	7.12	295	454
西　藏	4	682	1 403	34.49	11.03	85	181
陕　西	15	3 350	6 448	58.37	6.65	71	197
甘　肃	11	2 408	5 083	57.15	7.21	172	317
青　海	1	395	783	46.88	10.31	83	230
宁　夏	1	159	309	69.72	7.19	57	126
新　疆	7	800	1 598	58.28	10.15	123	255

4－4－9 全国三星级饭店的人均效益

地　区	全员劳动生产率(万元/人)	人均实现利润(万元/人)	人均实现利税(万元/人)	人均占用固定资产原值(万元/人)	职工人数(人)
合　计	**6.93**	**-0.11**	**0.22**	**15.36**	**299 157**
北　京	8.57	0.10	0.53	21.02	24 962
天　津	4.76	-0.88	-0.67	11.14	6 909
河　北	7.94	0.41	0.78	16.00	8 015
山　西	3.67	-0.02	0.17	10.06	2 476
内蒙古	4.27	-0.15	0.02	10.22	2 983
辽　宁	6.36	-0.45	-0.13	21.01	11 427
吉　林	4.57	-1.12	-0.92	15.87	6 536
黑龙江	1.88	-0.20	-0.12	13.17	6 558
上　海	9.06	0.34	0.78	17.15	19 404
江　苏	7.42	-0.20	0.12	15.09	23 057
浙　江	10.77	0.46	0.84	16.14	21 449
安　徽	6.29	0.28	0.59	11.99	4 290
福　建	6.37	0.05	0.45	12.08	12 100
江　西	7.21	0.04	0.39	10.75	3 112
山　东	6.78	-0.30	0.03	13.63	14 797
河　南	5.24	-0.13	0.25	8.45	9 837
湖　北	5.55	-0.18	0.09	12.84	14 679
湖　南	7.30	0.10	0.44	11.62	5 398
广　东	7.74	0.10	0.48	17.43	56 852
广　西	4.54	-1.41	-1.17	15.11	11 126
海　南	4.54	-0.94	-0.68	14.12	5 026
重　庆	6.27	-0.52	-0.18	7.69	4 114
四　川	4.25	-0.03	0.16	17.12	7 824
贵　州	6.44	0.31	0.67	10.88	1 384
云　南	3.81	-0.61	-0.38	6.80	1 386
西　藏	6.70	0.85	1.17	30.52	1 122
陕　西	4.56	-1.18	-0.98	12.98	4 883
甘　肃	4.10	-0.14	0.06	9.71	4 237
青　海	4.03	-2.05	-1.89	13.21	1 012
宁　夏	3.14	-0.14	0.03	-	364
新　疆	4.42	-0.03	0.24	7.23	1 383

（五）二星级饭店资料

4－5－1 全国二星级饭店综合情况

饭店经济类型规模		饭店数（座）	房间数（间）	床位数（张）	客房出租率（%）	营业收入（万元）	营业税金（万元）	固定资产（万元）
	合　计	**1 339**	**143 656**	**301 024**	**52.69**	**931 569.99**	**45 155.55**	**2 134 381.27**
饭店经济类型	国有经济	1 025	114 210	239 392	52.48	711 107.84	34 008.27	1 674 005.04
	集体经济	171	16 398	34 051	52.31	112 754.18	5 801.87	266 713.32
	私营经济	9	594	1 194	57.43	3 474.52	164.66	4 067.87
	联营经济	8	752	1 586	47.99	3 311.72	168.75	8 870.45
	股份制经济	37	3 670	8 691	51.90	25 752.31	1 246.77	52 816.31
	外商投资经济	57	5 331	10 448	54.16	42 997.64	2 140.39	87 175.31
	港澳台投资	32	2 701	5 662	61.40	32 171.78	1 624.84	40 732.97
	合　计	**1 339**	**143 656**	**301 024**	**52.69**	**931 569.99**	**45 155.55**	**2 234 381.27**
饭店规模	500 间以上	8	5 611	11 837	57.47	21 252.96	1 071.23	41 661.00
	300－499 间	28	10 373	20 145	56.28	60 314.35	2 701.38	112 054.94
	200－299 间	91	21 366	44 403	54.13	124 419.54	5 962.33	333 661.92
	100－199 间	471	65 098	137 914	52.71	407 655.91	20 188.93	946 087.10
	1－99 间	741	41 208	86 725	50.94	317 927.23	15 231.68	700 916.31

4－5－2 全国二星级饭店的地区分布

地　　区	饭店数（座）	房间数（间）	床位数（张）	客　房出租率（%）	营业收入（万元）	固定资产原值（万元）
合　计	**1 339**	**143 656**	**301 024**	**52.69**	**931 569.99**	**2 134 381.27**
北　京	110	12 639	24 411	51.96	92 381.43	212 896.57
天　津	21	2 054	4 221	41.30	12 499.35	28 234.69
河　北	54	5 566	12 587	43.91	23 711.33	46 181.85
山　西	31	3 498	7 089	52.27	15 136.50	44 792.36
内蒙古	18	1 596	3 502	56.90	5 666.20	10 725.41
辽　宁	52	4 824	9 739	55.61	34 001.87	109 826.54
吉　林	41	3 134	6 683	42.00	16 101.13	61 707.40
黑龙江	39	3 546	7 808	45.02	13 948.34	64 861.82
上　海	42	6 772	13 294	59.84	78 608.79	110 235.75
江　苏	76	6 968	14 434	51.57	63 678.43	157 124.60
浙　江	32	3 002	6 082	54.22	28 900.80	55 624.73
安　徽	47	4 635	10 470	52.39	30 428.66	77 057.57
福　建	39	3 648	7 525	54.05	25 921.12	73 789.77
江　西	28	3 650	7 589	51.06	14 939.36	26 569.28
山　东	56	5 027	10 812	48.22	37 588.97	85 111.72
河　南	59	6 868	16 269	69.12	41 942.17	54 185.96
湖　北	56	5 756	12 254	51.75	35 640.30	93 093.93
湖　南	45	4 272	9 697	51.29	29 393.13	48 754.13
广　东	190	20 766	42 112	55.97	169 344.58	355 507.81
广　西	22	3 374	6 813	53.91	18 016.22	43 233.77
海　南	13	1 018	2 195	55.75	4 228.19	21 991.41
重　庆	10	829	1 723	57.87	8 240.45	2 785.57
四　川	59	6 972	14 315	47.21	29 061.86	89 525.15
贵　州	25	2 513	5 003	61.45	17 742.77	50 356.99
云　南	65	6 107	12 742	57.23	31 055.25	68 346.84
西　藏	5	851	1 999	41.26	1 999.80	6 715.50
陕　西	15	2 356	4 940	51.19	7 592.49	9 354.00
甘　肃	23	2 696	5 688	64.28	12 697.76	40 480.11
青　海	10	1 241	2 637	52.28	5 845.95	17 180.70
宁　夏	7	786	1 686	37.85	3 392.30	13 346.60
新　疆	49	6 692	14 705	43.67	21 864.49	54 782.74

4－5－3　全国二星级饭店的经济类型

单位:座

地　区	总　计	国有经济	集体经济	私营经济	联营经济	股 份 制	外商投资	港 澳 台
合　计	**1 339**	**1 025**	**171**	**9**	**8**	**37**	**57**	**32**
北　京	110	65	30	1	0	11	3	0
天　津	21	16	3	0	0	0	2	0
河　北	54	53	1	0	0	0	0	0
山　西	31	23	4	1	0	3	0	0
内蒙古	18	15	3	0	0	0	0	0
辽　宁	52	37	8	0	1	0	5	1
吉　林	41	36	3	0	0	0	1	1
黑龙江	39	35	2	0	0	1	1	0
上　海	42	31	2	0	1	4	2	2
江　苏	76	61	10	0	0	1	2	2
浙　江	32	21	9	0	0	2	0	0
安　徽	47	36	5	0	0	1	3	2
福　建	39	30	4	2	0	1	1	1
江　西	28	27	0	0	0	0	0	1
山　东	56	42	9	1	1	1	1	1
河　南	59	51	6	0	0	2	0	0
湖　北	56	47	4	0	0	3	1	1
湖　南	45	32	7	0	0	0	4	2
广　东	190	123	22	3	3	2	21	16
广　西	22	14	2	0	0	1	3	2
海　南	13	4	3	0	2	2	2	0
重　庆	10	9	0	0	0	0	1	0
四　川	59	51	6	0	0	2	0	0
贵　州	25	24	0	0	0	0	1	0
云　南	65	42	20	1	0	0	2	0
西　藏	5	4	1	0	0	0	0	0
陕　西	15	13	2	0	0	0	0	0
甘　肃	23	23	0	0	0	0	0	0
青　海	10	10	0	0	0	0	0	0
宁　夏	7	7	0	0	0	0	0	0
新　疆	49	43	5	0	0	0	1	0

4－5－4　全国二星级饭店的客房规模

单位:座

地　　区	总　计	客房间数 500 以上	客房间数 300－499	客房间数 200－299	客房间数 100－199	客房间数 99 以下
合　计	**1 339**	**8**	**28**	**91**	**471**	**741**
北　京	110	1	5	12	39	53
天　津	21	0	0	0	9	12
河　北	54	0	1	2	22	29
山　西	31	0	1	0	13	17
内蒙古	18	0	1	0	2	15
辽　宁	52	0	0	1	20	31
吉　林	41	0	0	0	11	30
黑龙江	39	0	0	2	8	29
上　海	42	0	3	6	25	8
江　苏	76	0	0	2	31	43
浙　江	32	0	0	0	14	18
安　徽	47	0	0	0	23	24
福　建	39	0	0	3	12	24
江　西	28	0	0	5	12	11
山　东	56	0	0	0	17	39
河　南	59	4	3	5	11	36
湖　北	56	0	0	4	22	30
湖　南	45	0	1	3	15	26
广　东	190	1	3	18	55	113
广　西	22	0	3	4	4	11
海　南	13	0	0	0	4	9
重　庆	10	0	0	1	4	5
四　川	59	0	0	9	27	23
贵　州	25	0	1	0	8	16
云　南	65	0	1	3	24	37
西　藏	5	1	0	0	1	3
陕　西	15	1	1	1	2	10
甘　肃	23	0	2	2	7	12
青　海	10	0	1	1	1	7
宁　夏	7	0	0	1	2	4
新　疆	49	0	1	6	26	16

4-5-5 全国二星级饭店的营业收入总额

地区	汇总单位（座）	营业收入（万元）	#客房（万元）	#餐饮（万元）	#商品（万元）
合计	**1 339**	**931 569.99**	**442 139.38**	**352 370.10**	**55 091.95**
北京	110	92 381.43	49 658.18	26 435.19	3 079.60
天津	21	12 499.35	6 834.89	3 864.80	127.16
河北	54	23 711.33	11 606.16	10 586.30	590.02
山西	31	15 136.50	8 141.46	5 489.41	774.00
内蒙古	18	5 666.20	2 846.93	2 548.45	92.82
辽宁	52	34 001.87	17 937.07	11 809.13	369.65
吉林	41	16 101.13	7 657.88	6 388.55	427.58
黑龙江	39	13 948.34	7 273.57	5 067.09	451.74
上海	42	78 608.79	37 452.79	24 669.70	7 753.37
江苏	76	63 678.43	25 659.96	32 193.86	3 278.91
浙江	32	28 900.80	11 570.92	12 388.90	2 078.11
安徽	47	30 428.66	13 563.77	11 675.66	3 615.46
福建	39	25 921.12	11 410.47	8 193.68	3 681.91
江西	28	14 939.36	8 257.55	5 138.83	293.40
山东	56	37 588.97	14 125.08	18 361.10	3 054.31
河南	59	41 942.17	19 782.76	18 857.42	925.02
湖北	56	35 640.30	15 000.48	14 583.19	3 735.20
湖南	45	29 393.13	15 315.95	10 409.02	348.84
广东	190	169 344.58	75 609.02	68 947.40	9 902.89
广西	22	18 016.22	8 366.57	8 369.74	318.72
海南	13	4 228.19	2 664.26	1 157.13	17.68
重庆	10	8 240.45	4 528.23	3 136.87	54.85
四川	59	29 061.86	14 297.13	10 660.75	1 057.00
贵州	25	17 742.77	7 783.93	5 083.01	1 638.90
云南	65	31 055.25	15 637.56	8 576.23	4 258.06
西藏	5	1 999.80	1 221.69	598.56	51.52
陕西	15	7 592.49	3 893.78	2 673.91	504.72
甘肃	23	12 697.76	6 451.93	4 804.37	952.63
青海	10	5 845.95	2 837.17	1 580.71	777.18
宁夏	7	3 392.30	1 669.80	1 316.00	148.20
新疆	49	21 864.49	13 082.44	6 805.14	732.50

4－5－6　全国二星级饭店的营业收入构成

地　　区	汇总单位（座）	营业收入（万元）	# 客房（%）	# 餐饮（%）	# 商品（%）
合　计	**1 339**	**931 569.99**	**47.46**	**37.83**	**5.91**
北　京	110	92 381.43	53.75	28.62	3.33
天　津	21	12 499.35	54.68	30.92	1.02
河　北	54	23 711.33	48.95	44.65	2.49
山　西	31	15 136.50	53.79	36.27	5.11
内蒙古	18	5 666.20	50.24	44.98	1.64
辽　宁	52	34 001.87	52.75	34.73	1.09
吉　林	41	16 101.13	47.56	39.69	2.66
黑龙江	39	13 948.34	52.15	36.33	3.24
上　海	42	78 608.79	47.64	31.38	9.86
江　苏	76	63 678.43	40.30	50.56	5.15
浙　江	32	28 900.80	40.04	42.87	7.19
安　徽	47	30 428.66	44.58	38.37	11.88
福　建	39	25 921.12	44.02	31.61	14.20
江　西	28	14 939.36	55.27	34.40	1.96
山　东	56	37 588.97	37.58	48.85	8.13
河　南	59	41 942.17	47.17	44.96	2.21
湖　北	56	35 640.30	42.09	40.92	10.48
湖　南	45	29 393.13	52.11	35.41	1.19
广　东	190	169 344.58	44.65	40.71	5.85
广　西	22	18 016.22	46.44	46.46	1.77
海　南	13	4 228.19	63.01	27.37	0.42
重　庆	10	8 240.45	54.95	38.07	0.67
四　川	59	29 061.86	49.20	36.68	3.64
贵　州	25	17 742.77	43.87	28.65	9.24
云　南	65	31 055.25	50.35	27.62	13.71
西　藏	5	1 999.80	61.09	29.93	2.58
陕　西	15	7 592.49	51.28	35.22	6.65
甘　肃	23	12 697.76	50.81	37.84	7.50
青　海	10	5 845.95	48.53	27.04	13.29
宁　夏	7	3 392.30	49.22	38.79	4.37
新　疆	49	21 864.49	59.83	31.12	3.35

4－5－7　全国二星级饭店的住宿人数和人天数

地　区	汇总单位（座）	住宿人数			住宿人天数		
		总人数（万人）	海外旅游者（万人）	海外占百分比（%）	住宿人天数（万人夜）	海外旅游者（万人夜）	海外占百分比（%）
合　计	**1 339**	**3 282.75**	**108.29**	**3.30**	**5 508.35**	**234.50**	**4.26**
北　京	110	128.97	9.06	7.03	334.99	34.22	10.21
天　津	21	22.11	1.13	5.10	50.46	3.96	7.84
河　北	54	101.59	2.30	2.27	136.74	3.26	2.39
山　西	31	79.66	0.61	0.76	179.04	1.42	0.80
内蒙古	18	29.81	0.12	0.39	44.65	0.18	0.41
辽　宁	52	72.14	1.37	1.91	152.22	5.14	3.38
吉　林	41	45.32	3.87	8.55	80.96	5.35	6.61
黑龙江	39	52.21	3.16	6.06	129.45	4.63	3.57
上　海	42	–	–	–	–	–	–
江　苏	76	161.69	3.35	2.07	344.72	8.83	2.56
浙　江	32	68.39	0.65	0.94	105.24	1.73	1.64
安　徽	47	100.95	1.87	1.85	159.53	2.97	1.86
福　建	39	72.47	1.60	2.21	130.47	3.04	2.33
江　西	28	–	–	–	–	–	–
山　东	56	106.63	2.02	1.89	177.86	4.11	2.31
河　南	59	833.53	1.12	0.13	982.19	2.26	0.23
湖　北	56	140.94	1.07	0.76	205.32	2.85	1.39
湖　南	45	168.31	4.83	2.87	368.41	21.73	5.90
广　东	190	382.16	35.50	9.29	682.08	60.48	8.87
广　西	22	66.90	1.61	2.40	120.10	3.23	2.69
海　南	13	27.95	0.08	0.28	36.89	0.14	0.39
重　庆	10	26.20	0.24	0.93	39.72	0.39	0.98
四　川	59	116.42	1.42	1.22	183.37	2.65	1.45
贵　州	25	69.28	4.08	5.90	135.53	8.91	6.57
云　南	65	191.37	11.87	6.20	308.39	16.24	5.27
西　藏	5	9.22	2.14	23.19	21.32	5.53	25.93
陕　西	15	12.13	2.04	16.81	27.40	4.16	15.19
甘　肃	23	54.31	2.83	5.21	90.35	5.30	5.87
青　海	10	37.04	1.00	2.69	62.86	1.56	2.48
宁　夏	7	10.84	0.06	0.58	23.03	0.23	1.00
新　疆	49	94.16	7.30	7.75	195.07	19.97	10.24

4－5－8　全国二星级饭店的每间客房年收入

地　　区	汇　总 单　位 (座)	饭店规模		出租率 (%)	每间客房 年收入 (万元)	每间客房 年接待 人　数 (人)	每间客房 年接待 人天数 (人天)
		客房数 (间)	床位数 (张)				
合　计	**1 339**	**143 656**	**301 024**	**52.69**	**6.48**	**228**	**383**
北　京	110	12 639	24 411	51.96	7.31	102	265
天　津	21	2 054	4 221	41.30	6.09	107	246
河　北	54	5 566	12 587	43.91	4.26	182	246
山　西	31	3 498	7 089	52.27	4.33	227	512
内蒙古	18	1 596	3 502	56.90	3.55	186	280
辽　宁	52	4 824	9 739	55.61	7.05	149	316
吉　林	41	3 134	6 683	42.00	5.14	144	258
黑龙江	39	3 546	7 808	45.02	3.93	147	365
上　海	42	6 772	13 294	59.84	11.61	—	—
江　苏	76	6 968	14 434	51.57	9.14	232	495
浙　江	32	3 002	6 082	54.22	9.63	227	351
安　徽	47	4 635	10 470	52.39	6.56	217	344
福　建	39	3 648	7 525	54.05	7.11	198	358
江　西	28	3 650	7 589	51.06	4.09	—	—
山　东	56	5 027	10 812	48.22	7.48	212	354
河　南	59	6 868	16 269	69.12	6.11	—	—
湖　北	56	5 756	12 254	51.75	6.19	244	357
湖　南	45	4 272	9 697	51.29	6.88	—	—
广　东	190	20 766	42 112	55.97	8.15	184	328
广　西	22	3 374	6 813	53.91	5.34	198	356
海　南	13	1 018	2 195	55.75	4.15	274	362
重　庆	10	829	1 723	57.87	9.94	316	479
四　川	59	6 972	14 315	47.21	4.17	166	263
贵　州	25	2 513	5 003	61.45	7.06	275	539
云　南	65	6 107	12 742	57.23	5.09	313	505
西　藏	5	851	1 999	41.26	2.35	108	251
陕　西	15	2 356	4 940	51.19	3.22	51	116
甘　肃	23	2 696	5 688	64.28	4.71	201	335
青　海	10	1 241	2 637	52.28	4.71	298	506
宁　夏	7	786	1 686	37.85	4.32	137	293
新　疆	49	6 692	14 705	43.67	3.27	140	292

4－5－9 全国二星级饭店的人均效益

地区	全员劳动生产率(万元/人)	人均实现利润(万元/人)	人均实现利税(万元/人)	人均占用固定资产原值(万元/人)	职工人数(人)
合计	**4.54**	**−0.17**	**0.05**	**10.41**	**205 005**
北京	4.51	−0.19	0.04	10.38	20 504
天津	3.49	0.02	0.20	7.87	3 586
河北	4.15	0.02	0.22	8.08	5 715
山西	3.11	0.06	0.21	9.19	4 874
内蒙古	3.50	−0.21	0.00	6.63	1 617
辽宁	4.77	−0.43	−0.20	15.39	7 135
吉林	3.55	−0.41	−0.23	13.60	4 536
黑龙江	1.79	−0.10	−0.03	8.35	7 772
上海	7.00	−0.21	0.14	9.82	11 222
江苏	5.26	−0.00	0.24	12.97	12 110
浙江	5.95	−0.23	0.06	11.45	4 858
安徽	4.08	−0.01	0.17	10.34	7 452
福建	5.59	−0.08	0.21	15.92	4 634
江西	4.02	−0.48	−0.28	7.16	3 712
山东	5.48	−0.14	0.13	12.42	6 855
河南	3.98	0.23	0.43	5.14	10 547
湖北	4.33	−0.15	0.03	11.32	8 223
湖南	7.37	0.00	0.35	12.23	3 987
广东	4.95	−0.18	0.05	10.39	34 214
广西	4.06	−0.34	−0.14	9.74	4 440
海南	3.22	−2.45	−2.27	16.75	1 313
重庆	15.91	1.19	2.07	5.38	518
四川	3.04	−0.36	−0.21	9.35	9 571
贵州	3.98	−0.21	−0.00	11.29	4 460
云南	4.61	−0.32	−0.11	10.15	6 733
西藏	2.87	0.49	0.66	9.63	697
陕西	7.33	0.38	0.75	9.03	1 036
甘肃	2.96	0.04	0.20	9.43	4 291
青海	3.40	−0.05	0.11	9.98	1 721
宁夏	2.62	−0.28	−0.15	10.32	1 293
新疆	4.06	−0.52	−0.32	10.18	5 379

（六）一星级饭店资料

4－6－1　全国一星级饭店综合情况

饭店经济类型规模		饭店数（座）	房间数（间）	床位数（张）	客房出租率（%）	营业收入（万元）	营业税金（万元）	固定资产（万元）
	合　计	**276**	**19 435**	**42 696**	**48.61**	**83 252.54**	**4 759.19**	**170 812.00**
饭店经济类型	国有经济	221	15 956	35 714	47.78	64 048.58	3 150.41	135 703.40
	集体经济	39	2 492	5 037	51.60	12 227.64	673.12	21 275.24
	私营经济	2	230	454	60.72	2 794.00	735.00	2 932.00
	联营经济	2	103	214	60.68	403.60	22.21	1 109.00
	股份制经济	7	441	876	61.51	2 638.72	138.85	7 852.36
	外商投资经济	2	101	204	51.56	317.00	15.80	524.00
	港澳台投资	3	112	197	29.81	823.00	23.80	1 416.00
	合　计	**276**	**19 435**	**42 696**	**48.61**	**83 252.54**	**4 759.19**	**170 812.00**
饭店规模	500 间以上	1	699	1 725	58.03	340.59	17.90	－
	300－499 间	3	1 023	2 117	61.39	6 091.40	305.90	4 642.00
	200－299 间	5	1 133	2 502	49.38	3 486.08	165.90	6 906.00
	100－199 间	54	6 870	14 973	49.31	27 637.73	2 032.37	54 065.47
	1－99 间	213	9 710	21 379	47.04	45 696.74	2 237.12	105 198.53

4－6－2　全国一星级饭店的地区分布

地　　区	饭店数(座)	房间数(间)	床位数(张)	客房出租率(%)	营业收入(万元)	固定资产原值(万元)
合　计	**276**	**19 435**	**42 696**	**48.61**	**83 252.54**	**170 812.00**
北　京	38	3 174	6 447	46.74	14 175.45	27 008.14
天　津	3	179	402	61.00	1 290.20	307.80
河　北	2	115	273	24.17	138.00	3 233.00
山　西	2	161	425	28.80	272.73	1 639.96
内蒙古	5	596	1 460	52.48	769.13	1 346.78
辽　宁	23	1 744	3 487	47.40	8 766.17	30 794.30
吉　林	11	900	2 167	44.31	1 826.39	10 121.70
黑龙江	25	1 569	3 819	43.32	4 142.61	21 626.61
上　海	12	1 201	2 300	52.55	8 766.38	11 237.49
江　苏	4	266	535	45.48	1 618.95	2 894.50
安　徽	7	561	1 231	40.03	1 694.89	4 271.82
福　建	4	236	546	58.37	905.90	695.40
江　西	2	113	248	33.58	349.08	282.00
山　东	5	282	643	46.94	1 820.40	4 001.75
河　南	2	49	80	45.32	150.98	－
湖　北	17	1 103	2 594	48.09	5 337.67	8 104.51
湖　南	16	303	610	39.67	988.60	820.00
广　东	26	1 555	3 240	51.75	12 188.65	16 436.48
广　西	4	308	631	55.39	861.05	1 583.23
海　南	4	105	239	28.94	190.69	158.00
重　庆	2	－	－	－	447.73	－
四　川	12	1 274	2 848	58.65	5 303.30	4 073.51
贵　州	9	793	1 686	57.03	4 515.95	5 579.70
云　南	18	793	1 890	46.88	2 297.52	4 493.51
西　藏	4	197	423	52.08	1 054.40	3 284.00
陕　西	6	944	2 283	53.91	1 323.74	1 625.29
甘　肃	3	130	290	35.16	293.78	678.30
青　海	2	49	113	35.89	44.10	24.80
新　疆	8	735	1 786	46.64	1 678.10	4 489.42

4－6－3　全国一星级饭店的经济类型

单位:座

地　区	总　计	国有经济	集体经济	私营经济	联营经济	股份制	外商投资	港澳台
合　计	**276**	**221**	**39**	**2**	**2**	**7**	**2**	**3**
北　京	38	26	11	0	1	0	0	0
天　津	3	2	0	0	0	1	0	0
河　北	2	2	0	0	0	0	0	0
山　西	2	2	0	0	0	0	0	0
内蒙古	5	5	0	0	0	0	0	0
辽　宁	23	17	4	0	0	0	0	2
吉　林	11	10	0	0	0	1	0	0
黑龙江	25	21	4	0	0	0	0	0
上　海	12	10	1	0	0	1	0	0
江　苏	4	3	1	0	0	0	0	0
安　徽	7	7	0	0	0	0	0	0
福　建	4	4	0	0	0	0	0	0
江　西	2	2	0	0	0	0	0	0
山　东	5	3	1	0	0	0	1	0
河　南	2	2	0	0	0	0	0	0
湖　北	17	12	2	0	0	3	0	0
湖　南	16	13	3	0	0	0	0	0
广　东	26	19	3	1	1	1	1	0
广　西	4	4	0	0	0	0	0	0
海　南	4	3	1	0	0	0	0	0
重　庆	2	2	0	0	0	0	0	0
四　川	12	9	1	1	0	0	0	1
贵　州	9	9	0	0	0	0	0	0
云　南	18	14	4	0	0	0	0	0
西　藏	4	2	2	0	0	0	0	0
陕　西	6	6	0	0	0	0	0	0
甘　肃	3	3	0	0	0	0	0	0
青　海	2	1	1	0	0	0	0	0
新　疆	8	8	0	0	0	0	0	0

4－6－4　全国一星级饭店的客房规模

单位:座

地　区	总　计	客房间数 500 以上	客房间数 300－499	客房间数 200－299	客房间数 100－199	客房间数 99 以下
合　计	**276**	**1**	**3**	**5**	**54**	**213**
北　京	38	0	1	1	10	26
天　津	3	0	0	0	0	3
河　北	2	0	0	0	0	2
山　西	2	0	0	0	1	1
内蒙古	5	0	0	0	3	2
辽　宁	23	0	0	0	6	17
吉　林	11	0	1	0	1	9
黑龙江	25	0	0	1	3	21
上　海	12	0	0	1	5	6
江　苏	4	0	0	0	1	3
安　徽	7	0	0	0	2	5
福　建	4	0	0	0	0	4
江　西	2	0	0	0	0	2
山　东	5	0	0	0	0	5
河　南	2	0	0	0	0	2
湖　北	17	0	0	0	3	14
湖　南	16	0	0	0	0	16
广　东	26	0	1	0	3	22
广　西	4	0	0	0	1	3
海　南	4	0	0	0	0	4
重　庆	2	0	0	0	0	2
四　川	12	0	0	2	3	7
贵　州	9	0	0	0	3	6
云　南	18	0	0	0	3	15
西　藏	4	0	0	0	1	3
陕　西	6	1	0	0	1	4
甘　肃	3	0	0	0	0	3
青　海	2	0	0	0	0	2
新　疆	8	0	0	0	4	4

4－6－5　全国一星级饭店的营业收入总额

地　区	汇总单位（座）	营业收入（万元）	# 客房（万元）	# 餐饮（万元）	# 商品（万元）
合　计	**276**	**83 252.54**	**42 504.80**	**29 545.44**	**3 733.74**
北　京	38	14 175.45	9 094.79	3 338.99	293.79
天　津	3	1 290.20	536.10	533.70	69.90
河　北	2	138.00	62.00	76.00	－
山　西	2	272.73	136.34	124.39	－
内蒙古	5	769.13	303.22	434.02	12.50
辽　宁	23	8 766.17	4 739.54	3 089.42	185.89
吉　林	11	1 826.39	927.50	704.26	31.08
黑龙江	25	4 142.61	2 426.64	1 447.70	58.00
上　海	12	8 766.38	4 113.31	3 199.05	914.53
江　苏	4	1 618.95	884.58	456.77	28.50
安　徽	7	1 694.89	833.00	577.80	88.91
福　建	4	905.90	646.35	114.00	29.16
江　西	2	349.08	106.25	188.55	43.64
山　东	5	1 820.40	621.00	810.30	286.70
河　南	2	150.98	93.84	57.14	－
湖　北	17	5 377.67	2 001.93	2 711.25	146.60
湖　南	16	988.60	467.50	386.30	7.00
广　东	26	12 188.65	4 432.77	5 827.44	248.86
广　西	4	861.05	701.52	86.95	11.67
海　南	4	190.69	107.23	62.53	－
重　庆	2	447.73	363.31	72.17	－
四　川	12	5 303.30	2 767.38	1 895.51	514.75
贵　州	9	4 515.95	1 832.83	1 477.77	527.34
云　南	18	2 297.52	1 300.28	711.12	120.38
西　藏	4	1 054.40	834.29	217.91	1.00
陕　西	6	1 313.74	867.92	265.90	1.70
甘　肃	3	293.78	110.61	179.11	0.03
青　海	2	44.10	25.70	16.10	－
新　疆	8	1 678.10	1 167.07	483.19	11.81

4-6-6 全国一星级饭店的营业收入构成

地　区	汇总单位(座)	营业收入(万元)	#客　房(%)	#餐　饮(%)	#商　品(%)
合　计	**276**	**83 252.54**	**51.06**	**35.49**	**4.48**
北　京	38	14 175.45	64.16	23.55	2.07
天　津	3	1 290.20	41.55	41.37	5.42
河　北	2	138.00	44.93	55.07	—
山　西	2	272.73	49.99	45.61	—
内蒙古	5	769.13	39.42	56.43	1.63
辽　宁	23	8 766.17	54.07	35.24	2.12
吉　林	11	1 826.39	50.78	38.56	1.70
黑龙江	25	4 142.61	58.58	34.95	1.40
上　海	12	8 766.38	46.92	36.49	10.43
江　苏	4	1 618.95	54.64	28.21	1.76
安　徽	7	1 694.89	49.15	34.09	5.25
福　建	4	905.90	71.35	12.58	3.22
江　西	2	349.08	30.44	54.01	12.50
山　东	5	1 820.40	34.11	44.51	15.75
河　南	2	150.98	62.15	37.85	—
湖　北	17	5 377.67	37.23	50.42	2.73
湖　南	16	988.60	47.29	39.08	0.71
广　东	26	12 188.65	36.37	47.81	2.86
广　西	4	861.05	81.47	10.10	1.36
海　南	4	190.69	56.23	32.79	—
重　庆	2	447.73	81.14	16.12	—
四　川	12	5 303.30	52.18	35.74	9.71
贵　州	9	4 515.95	40.59	32.72	11.68
云　南	18	2 297.52	56.59	30.95	5.24
西　藏	4	1 054.40	79.12	20.67	0.09
陕　西	6	1 323.74	65.57	20.09	0.13
甘　肃	3	293.78	37.65	60.97	0.01
青　海	2	44.10	58.28	36.51	—
新　疆	8	1 678.10	69.55	28.79	0.70

4－6－7 全国一星级饭店的住宿人数和人天数

地区	汇总单位（座）	住宿人数			住宿人天数		
		总人数（万人）	海外旅游者（万人）	海外占百分比（%）	住宿人天数（万人夜）	海外旅游者（万人夜）	海外占百分比（%）
合计	**276**	**345.87**	**10.34**	**2.99**	**588.87**	**32.70**	**5.55**
北京	38	28.14	1.42	5.04	74.80	4.53	6.05
天津	3	1.58	0.04	2.75	3.23	0.23	7.23
河北	2	1.80	0.00	0.00	1.92	－	－
山西	2	1.21	0.00	0.00	3.34	－	－
内蒙古	5	3.35	0.07	2.10	5.13	0.10	1.88
辽宁	23	31.28	0.20	0.65	51.32	0.54	1.05
吉林	11	12.59	0.06	0.47	19.31	0.09	0.47
黑龙江	25	11.31	0.05	0.47	25.44	0.11	0.44
上海	12	－	－	－	－	－	－
江苏	4	7.77	0.04	0.54	11.05	0.07	0.66
安徽	7	11.71	0.01	0.10	13.76	0.03	0.24
福建	4	4.52	0.02	0.35	6.64	0.02	0.34
江西	2	－	－	－	－	－	－
山东	5	4.58	0.05	1.05	6.54	0.07	1.00
河南	2	0.31	0.00	0.00	1.35	－	－
湖北	17	32.50	0.19	0.59	44.25	0.47	1.06
湖南	16	34.39	1.20	3.50	56.16	4.74	8.44
广东	26	45.25	2.22	4.90	67.70	3.46	5.11
广西	4	5.56	0.17	3.10	8.93	0.26	2.95
海南	4	2.22	0.01	0.30	2.99	0.01	0.29
重庆	2	2.93	0.04	1.28	5.19	0.05	0.89
四川	12	27.34	1.55	5.65	37.33	3.89	10.43
贵州	9	21.86	0.28	1.28	47.92	0.75	1.56
云南	18	29.96	0.87	2.82	45.11	2.09	4.63
西藏	4	3.27	0.19	5.74	4.47	0.39	8.70
陕西	6	8.12	0.02	0.22	17.49	0.05	0.26
甘肃	3	1.33	0.20	15.09	2.54	0.41	16.13
青海	2	2.70	0.00	0.00	3.01	－	－
新疆	8	8.30	1.45	17.44	21.94	10.35	47.18

4－6－8 全国一星级饭店的每间客房年收入

地　区	汇总单位（座）	饭店规模		出租率（%）	每间客房年收入（万元）	每间客房年接待人数（人）	每间客房年接待人天数（人天）
		客房数（间）	床位数（张）				
合　计	**276**	**19 435**	**42 696**	**48.61**	**4.28**	**177**	**303**
北　京	38	3 174	6 447	46.74	4.47	88	236
天　津	3	179	402	61.00	7.21	88	180
河　北	2	115	273	24.17	1.20	156	167
山　西	2	161	425	28.80	1.69	74	207
内蒙古	5	596	1 460	52.48	1.29	56	86
辽　宁	23	1 744	3 487	47.40	5.03	179	294
吉　林	11	900	2 167	44.31	2.03	139	215
黑龙江	25	1 569	3 819	43.32	2.64	72	162
上　海	12	1 201	2 300	52.55	7.30	－	－
江　苏	4	266	535	45.48	6.09	291	415
安　徽	7	561	1 231	40.03	3.02	208	245
福　建	4	236	546	58.37	3.84	191	291
江　西	2	113	248	33.58	3.09	－	－
山　东	5	282	643	46.94	6.46	162	232
河　南	2	49	80	45.32	3.08	63	276
湖　北	17	1 103	2 594	48.09	4.88	294	401
湖　南	16	303	610	39.67	3.26	－	－
广　东	26	1 555	3 240	51.75	7.84	290	435
广　西	4	308	631	55.39	2.80	180	290
海　南	4	105	239	28.94	1.82	211	284
重　庆	2	－	－	－	－	－	－
四　川	12	1 274	2 848	58.65	4.16	214	293
贵　州	9	793	1 686	57.03	5.69	285	604
云　南	18	793	1 890	46.88	2.90	377	569
西　藏	4	197	423	52.08	5.35	165	227
陕　西	6	944	2 283	53.91	1.40	86	185
甘　肃	3	130	290	35.16	2.26	102	195
青　海	2	49	113	35.89	0.90	－	－
新　疆	8	735	1 786	46.64	2.28	112	299

4-6-9 全国一星级饭店的人均效益

地　区	全　员 劳产率 (万元/人)	人均实现 利　润 (万元/人)	人均实现 利　税 (万元/人)	人均占用固 定资产原值 (万元/人)	职工人数 (人)
合　计	**3.87**	**−0.15**	**0.07**	**7.93**	**21 533**
北　京	4.15	−0.21	0.01	7.90	3 419
天　津	8.32	0.55	1.01	−	155
河　北	1.30	−1.38	−1.33	30.50	106
山　西	1.22	−0.31	−0.25	7.35	223
内蒙古	2.38	0.08	0.15	4.17	323
辽　宁	3.01	−0.26	−0.10	10.57	2 912
吉　林	2.03	−0.68	−0.57	11.25	900
黑龙江	1.86	−0.12	−0.04	9.70	2 229
上　海	6.33	−0.04	0.30	8.11	1 385
江　苏	5.60	0.11	0.42	10.02	289
安　徽	2.07	−0.34	−0.18	5.22	818
福　建	3.38	0.17	0.36	2.59	268
江　西	2.30	0.24	0.33	−	152
山　东	5.35	0.37	0.57	11.77	340
河　南	1.68	−0.05	0.04	−	90
湖　北	3.69	0.28	0.42	5.55	1 459
湖　南	32.95	−4.08	−2.37	27.33	30
广　东	5.15	−0.12	0.12	6.94	2 368
广　西	2.37	0.04	0.16	4.36	363
海　南	1.47	−1.03	−0.95	−	130
重　庆	−	−	−	−	−
四　川	6.27	−0.59	0.38	4.82	846
贵　州	4.62	0.04	0.33	5.71	978
云　南	4.05	0.08	0.30	7.93	567
西　藏	5.67	0.70	1.01	17.66	186
陕　西	4.31	−0.05	0.18	5.29	307
甘　肃	2.65	−0.27	−0.15	6.11	111
青　海	0.90	−0.02	0.04	−	49
新　疆	3.17	−0.37	−0.18	8.47	530

第五辑

非星级饭店统计资料

PART FIVE

STATISTICS

OF STARLESS HOTELS

5-1 全国非星级旅游涉外饭店综合情况

饭店经济类型	规模	饭店数（座）	房间数（间）	床位数（张）	客房出租率（%）	营业收入（万元）	营业税金（万元）	固定资产（万元）
	合　计	**2 477**	**298 166**	**615 670**	**50.38**	**2 500 504.93**	**133 945.62**	**6 442 979.25**
饭店经济类型	国有经济	1 504	169 407	359 680	49.56	1 241 057.55	63 176.19	2 607 742.57
	集体经济	443	31 407	65 456	47.30	205 160.65	11 417.28	499 934.64
	私营经济	78	4 181	8 178	49.70	40 500.96	1 936.26	103 023.77
	联营经济	44	2 875	5 701	45.01	24 920.53	1 288.11	94 695.10
	股份制经济	118	11 301	22 155	48.06	86 536.78	4 729.77	403 430.33
	外商投资经济	181	18 830	35 737	46.78	392 335.54	19 975.29	1 677 082.12
	港澳台投资	109	60 165	118 763	58.43	509 992.92	31 422.72	1 057 070.72
	合　计	**2 477**	**298 166**	**615 670**	**50.38**	**2 500 504.93**	**133 945.62**	**6 442 979.25**
饭店规模	500 间以上	23	87 888	177 714	59.24	608 579.85	37 003.13	646 102.92
	300－499 间	63	23 187	43 669	50.30	201 703.95	10 312.33	788 133.67
	200－299 间	137	32 753	64 790	47.68	254 616.88	13 286.07	966 554.29
	100－199 间	586	80 080	170 693	48.49	557 594.02	28 412.34	1 752 959.39
	1－99 间	1 668	74 258	158 804	47.29	878 010.23	44 931.75	2 289 228.98

5-2 全国非星级旅游涉外饭店的地区分布

地　区	饭店数（座）	房间数（间）	床位数（张）	客房出租率（%）	营业收入（万元）	固定资产原值（万元）
合　计	**2 477**	**298 166**	**615 670**	**50.38**	**2 500 504.93**	**6 442 979.25**
北　京	88	5 412	10 580	49.57	271 410.46	1 185 574.85
天　津	25	2 430	4 677	46.39	40 556.12	115 057.87
河　北	31	4 809	9 698	39.26	29 167.35	38 311.90
山　西	19	2 235	5 080	46.88	11 049.90	10 530.35
内蒙古	16	1 608	3 704	52.26	12 818.93	7 299.82
辽　宁	93	11 727	23 295	46.84	79 409.45	386 271.52
吉　林	30	3 299	5 820	40.85	32 731.66	200 562.80
黑龙江	34	2 917	6 135	54.97	8 615.50	59 876.60
上　海	10	958	1 606	57.87	26 850.78	239 045.73
江　苏	168	15 618	31 223	46.09	121 003.45	310 081.02
浙　江	197	20 383	40 020	52.23	215 126.46	499 064.16
安　徽	102	8 318	19 669	43.30	41 602.73	113 164.33
福　建	60	6 679	13 083	46.94	57 189.13	155 018.50
江　西	12	1 518	3 190	49.42	11 988.56	23 858.87
山　东	179	17 138	35 850	38.48	107 979.55	320 930.05
河　南	8	1 182	2 301	48.81	12 212.18	12 916.89
湖　北	103	9 571	20 969	49.79	55 806.52	144 002.81
湖　南	66	4 140	9 411	54.32	25 936.43	55 540.17
广　东	706	130 332	262 333	55.65	1 112 462.07	1 612 717.83
广　西	110	10 537	22 027	48.52	54 278.52	176 133.43
海　南	136	11 957	23 268	45.33	58 768.78	365 532.61
重　庆	23	2 105	7 860	47.67	14 223.62	103 359.14
四　川	68	8 441	18 534	46.11	34 473.91	154 160.05
贵　州	8	2 323	6 526	60.30	5 094.46	21 880.00
云　南	95	5 865	13 879	49.74	24 407.65	52 114.89
西　藏	13	662	1 320	18.52	1 928.08	11 117.98
陕　西	27	1 914	3 490	57.74	15 866.93	38 286.25
宁　夏	12	1 179	2 576	43.79	4 995.62	7 534.36
新　疆	38	2 909	7 546	49.83	12 450.13	23 034.47

5－3　全国非星级旅游涉外饭店的经济类型

单位:座

地　区	总　计	国有经济	集体经济	私营经济	联营经济	股份制	外商投资	港澳台
合　计	**2 477**	**1 504**	**443**	**78**	**44**	**118**	**181**	**109**
北　京	88	40	11	1	0	8	28	0
天　津	25	9	4	1	0	0	11	0
河　北	31	31	0	0	0	0	0	0
山　西	19	14	4	0	0	1	0	0
内蒙古	16	14	2	0	0	0	0	0
辽　宁	93	53	11	2	0	3	6	18
吉　林	30	18	1	1	0	0	10	0
黑龙江	34	26	2	2	1	1	1	1
上　海	10	8	0	0	1	1	0	0
江　苏	168	127	19	1	1	7	5	8
浙　江	197	102	40	5	5	28	14	3
安　徽	102	73	10	1	3	5	7	3
福　建	60	31	9	3	4	0	7	6
江　西	12	9	2	0	0	0	0	1
山　东	179	143	13	2	0	6	8	7
河　南	8	7	0	0	0	1	0	0
湖　北	103	80	8	1	0	7	4	3
湖　南	66	54	8	0	0	0	1	3
广　东	706	348	196	41	17	11	47	46
广　西	110	72	16	0	1	10	5	6
海　南	136	46	32	8	7	19	22	2
重　庆	23	20	2	0	0	0	1	0
四　川	68	52	6	2	1	4	1	2
贵　州	8	7	1	0	0	0	0	0
云　南	95	60	26	4	2	3	0	0
西　藏	13	2	10	1	0	0	0	0
陕　西	27	19	3	1	1	2	1	0
宁　夏	12	11	0	0	0	0	1	0
新　疆	38	28	7	1	0	1	1	0

5-4 全国非星级旅游涉外饭店的客房规模

单位:座

地 区	总 计	客房间数 500以上	客房间数 300-499	客房间数 200-299	客房间数 100-199	客房间数 99以下
合 计	**2 477**	**23**	**63**	**137**	**586**	**1 668**
北 京	88	0	3	7	8	70
天 津	25	0	1	3	6	15
河 北	31	3	1	2	14	11
山 西	19	0	0	3	7	9
内蒙古	16	0	1	1	3	11
辽 宁	93	1	6	8	30	48
吉 林	30	0	3	2	7	18
黑龙江	34	0	1	2	10	21
上 海	10	0	0	0	6	4
江 苏	168	0	1	9	48	110
浙 江	197	1	6	11	64	115
安 徽	102	0	0	4	24	74
福 建	60	1	2	5	18	34
江 西	12	0	1	1	5	5
山 东	179	0	6	12	40	121
河 南	8	1	0	1	2	4
湖 北	103	0	4	6	27	66
湖 南	66	0	0	1	19	46
广 东	706	12	10	32	112	540
广 西	110	0	4	8	24	74
海 南	136	0	5	9	31	91
重 庆	23	0	0	2	9	12
四 川	68	1	4	5	27	31
贵 州	8	2	1	1	0	4
云 南	95	0	1	1	21	72
西 藏	13	1	0	0	0	12
陕 西	27	0	2	0	8	17
宁 夏	12	0	0	1	3	8
新 疆	38	0	0	0	13	25

5－5 全国非星级旅游涉外饭店的营业收入总额

地　区	汇总单位（座）	营业收入（万元）	#客房（万元）	#餐饮（万元）	#商品（万元）
合　计	**2 447**	**2 500 504.93**	**1 155 036.95**	**750 915.75**	**127 775.45**
北　京	88	271 410.46	24 057.42	13 895.81	9 766.64
天　津	25	40 556.12	12 202.56	8 493.90	654.20
河　北	31	29 167.35	11 231.00	12 724.63	1 629.04
山　西	19	11 049.90	4 556.00	5 852.85	367.21
内蒙古	16	12 818.93	5 370.48	5 517.36	792.93
辽　宁	93	79 409.45	40 189.64	29 464.72	1 667.92
吉　林	30	32 731.66	14 760.14	13 071.79	745.61
黑龙江	34	8 615.50	5 945.20	2 067.80	108.00
上　海	10	26 950.78	12 807.93	5 327.14	2 715.13
江　苏	168	121 003.45	48 401.23	54 753.68	6 955.24
浙　江	197	215 126.46	93 091.23	91 637.40	13 305.08
安　徽	102	41 602.73	20 764.65	16 743.20	1 854.35
福　建	60	57 189.13	24 801.48	17 239.52	5 939.74
江　西	12	11 988.56	6 239.17	5 313.14	12.00
山　东	179	107 979.55	45 532.87	50 086.85	3 410.71
河　南	8	12 212.18	6 424.75	4 546.05	224.00
湖　北	103	55 806.52	26 304.80	22 094.13	1 663.10
湖　南	66	25 936.43	11 795.57	10 663.33	449.88
广　东	706	1 112 462.07	627 289.10	298 529.29	65 908.81
广　西	110	54 278.52	21 767.18	26 164.11	2 765.94
海　南	136	58 768.78	33 450.40	18 446.17	1 031.29
重　庆	23	14 223.62	8 166.47	4 127.50	166.07
四　川	68	34 473.91	17 326.55	13 390.22	1 146.96
贵　州	8	5 094.46	2 146.57	1 772.28	1 015.77
云　南	95	24 407.65	12 308.16	6 853.79	2 204.31
西　藏	13	1 928.08	745.91	590.53	41.53
陕　西	27	15 866.93	9 567.72	4 400.16	374.66
宁　夏	12	4 995.62	1 746.38	2 584.49	115.04
新　疆	38	12 450.13	6 046.39	4 613.91	744.29

5-6 全国非星级旅游涉外饭店的营业收入构成

地 区	汇总单位(座)	营业收入(万元)	# 客 房 (%)	# 餐 饮 (%)	# 商 品 (%)
合 计	**2 477**	**2 500 504.93**	**46.19**	**30.03**	**5.11**
北 京	88	271 410.46	8.86	5.12	3.60
天 津	25	40 556.12	30.09	20.94	1.61
河 北	31	29 167.35	38.51	43.63	5.59
山 西	19	11 049.90	41.23	52.97	3.32
内蒙古	16	12 818.93	41.89	43.04	6.19
辽 宁	93	79 409.45	50.61	37.10	2.10
吉 林	30	32 731.66	45.09	39.94	2.28
黑龙江	34	8 615.50	69.01	24.00	1.25
上 海	10	26 950.78	47.52	19.77	10.07
江 苏	168	121 003.45	40.00	45.25	5.75
浙 江	197	215 126.46	43.27	42.60	6.18
安 徽	102	41 602.73	49.91	40.25	4.46
福 建	60	57 189.13	43.37	30.14	10.39
江 西	12	11 988.56	52.04	44.32	0.10
山 东	179	107 979.55	42.17	46.39	3.16
河 南	8	12 212.18	52.61	37.23	1.83
湖 北	103	55 806.52	47.14	39.59	2.98
湖 南	66	25 936.43	45.48	41.11	1.73
广 东	706	1 112 462.07	56.39	26.84	5.92
广 西	110	54 278.52	40.10	48.20	5.10
海 南	136	58 768.78	56.92	31.39	1.75
重 庆	23	14 223.62	57.41	29.02	1.17
四 川	68	34 473.91	50.26	38.84	3.33
贵 州	8	5 094.46	42.14	33.81	19.94
云 南	95	24 407.65	50.43	28.08	9.03
西 藏	13	1 928.08	38.69	30.63	2.15
陕 西	27	15 866.93	60.30	27.73	2.36
宁 夏	12	4 995.62	34.96	51.74	2.30
新 疆	38	12 450.13	48.56	37.06	5.98

5－7 全国非星级旅游涉外饭店的住宿人数和人天数

地区	汇总单位(座)	住宿人数			住宿人天数		
		总人数(万人)	海外旅游者(万人)	海外占百分比(%)	住宿人天数(万人夜)	海外旅游者(万人夜)	海外占百分比(%)
合计	**2 447**	**5 481.38**	**486.20**	**8.87**	**9 766.46**	**1 004.27**	**10.28**
北京	88	35.77	10.02	28.03	134.46	43.18	32.11
天津	25	16.31	3.13	19.20	53.00	25.93	48.91
河北	31	64.54	9.02	13.97	126.45	25.19	19.92
山西	19	56.88	0.75	1.32	88.14	1.02	1.16
内蒙古	16	102.82	29.99	29.16	214.49	66.51	31.01
辽宁	93	88.92	6.11	6.87	198.07	21.46	10.84
吉林	30	36.30	7.21	19.87	68.92	13.36	19.38
黑龙江	34	25.64	2.13	8.29	39.42	4.54	11.53
上海	10	－	－	－	－	－	－
江苏	168	269.26	10.69	3.97	443.36	26.34	5.94
浙江	197	383.50	18.58	4.84	576.69	39.96	6.93
安徽	102	126.49	7.83	6.19	193.72	9.84	5.08
福建	60	88.10	10.51	11.93	161.55	22.12	13.69
江西	12	－	－	－	－	－	－
山东	179	245.50	9.72	3.96	418.63	23.48	5.61
河南	8	28.50	1.44	5.04	54.81	3.31	6.04
湖北	103	141.14	9.73	6.89	222.86	21.10	9.47
湖南	66	263.37	7.95	3.02	533.04	21.27	3.99
广东	706	2 445.02	293.12	11.99	4 600.52	553.57	12.03
广西	110	230.22	3.74	1.62	368.81	5.65	1.53
海南	136	271.48	15.74	5.80	357.87	22.10	6.18
重庆	23	29.57	2.22	7.51	38.03	3.17	8.34
四川	68	142.38	4.12	2.89	225.02	7.43	3.30
贵州	8	64.96	7.80	12.00	126.40	15.79	12.50
云南	95	187.77	8.69	4.63	288.57	13.89	4.82
西藏	13	11.13	1.04	9.36	21.53	1.20	5.58
陕西	27	35.56	3.40	9.55	69.55	8.23	11.84
宁夏	12	26.26	0.11	0.41	54.52	0.33	0.60
新疆	38	64.00	1.44	2.26	88.01	4.28	4.86

5－8 全国非星级旅游涉外饭店的每间客房年收入

地　区	汇　总单位（座）	饭店规模		出租率（%）	每间客房年收入（万元）	每间客房年接待人　数（人）	每间客房年接待人天数（人天）
		客房数（间）	床位数（张）				
合　计	**2 477**	**298 166**	**615 670**	**50.38**	**8.39**	**183**	**328**
北　京	88	5 412	10 580	49.57	50.15	66	248
天　津	25	2 430	4 677	46.39	16.69	67	218
河　北	31	4 809	9 698	39.26	6.07	134	263
山　西	19	2 235	5 080	46.88	4.94	254	394
内蒙古	16	1 608	3 704	52.26	7.97	－	－
辽　宁	93	11 727	23 295	46.84	6.77	75	169
吉　林	30	3 299	5 820	40.85	9.92	110	209
黑龙江	34	2 917	6 135	54.97	2.95	87	135
上　海	10	958	1 606	57.87	27.13	－	－
江　苏	168	15 618	31 223	46.09	7.75	172	284
浙　江	197	20 383	40 020	52.23	10.55	188	283
安　徽	102	8 318	19 669	43.30	5.00	152	233
福　建	60	6 679	13 083	46.94	8.56	131	242
江　西	12	1 518	3 190	49.42	7.90	－	－
山　东	179	17 138	35 850	38.48	6.30	143	244
河　南	8	1 182	2 301	48.81	10.33	241	464
湖　北	103	9 571	20 969	49.79	5.83	147	233
湖　南	66	4 140	9 411	54.32	6.26	－	－
广　东	706	130 332	262 333	55.65	8.54	187	353
广　西	110	10 537	22 027	48.52	5.15	218	350
海　南	136	11 957	23 268	45.33	4.92	227	299
重　庆	23	2 105	7 860	47.67	6.76	140	181
四　川	68	8 441	18 534	46.11	4.08	168	267
贵　州	8	2 323	6 526	60.30	2.19	279	554
云　南	95	5 865	13 879	49.74	4.16	320	492
西　藏	13	662	1 320	18.52	2.91	168	325
陕　西	27	1 914	3 490	57.74	8.29	185	363
宁　夏	12	1 179	2 576	43.79	4.24	222	462
新　疆	38	2 909	7 546	49.83	4.28	220	303

5－9　全国非星级旅游涉外饭店的人均效益

地　　区	全　员劳产率（万元/人）	人均实现利　润（万元/人）	人均实现利　税（万元/人）	人均占用固定资产原值（万元/人）	职工人数（人）
合　计	**7.36**	**−0.19**	**0.20**	**18.95**	**339 919**
北　京	15.85	3.26	4.06	69.23	17 126
天　津	8.97	0.41	0.92	25.46	4 519
河　北	5.90	−0.29	0.17	7.75	4 941
山　西	3.42	−0.18	−0.03	3.26	3 229
内蒙古	7.85	0.03	0.52	4.47	1 634
辽　宁	4.08	−1.03	−0.83	19.84	19 468
吉　林	6.11	−2.67	−2.35	37.43	5 359
黑龙江	1.72	−0.02	0.07	11.96	5 006
上　海	10.61	1.28	1.61	94.11	2 540
江　苏	4.98	−0.51	−0.29	12.76	24 294
浙　江	6.75	−0.42	−0.10	15.66	31 870
安　徽	3.74	−0.26	−0.05	10.16	11 138
福　建	5.64	−0.73	−0.44	15.30	10 134
江　西	6.01	0.70	1.00	11.95	1 996
山　东	4.95	−0.91	−0.65	14.72	21 806
河　南	20.70	0.37	1.37	21.89	590
湖　北	4.22	−0.10	0.11	10.90	13 211
湖　南	7.74	−0.94	−0.53	16.57	3 352
广　东	11.57	0.35	1.01	16.78	96 128
广　西	3.30	−0.93	−0.76	10.72	16 433
海　南	3.84	−2.32	−2.10	23.89	15 301
重　庆	4.28	−0.85	−0.62	31.10	3 323
四　川	2.57	−0.25	−0.11	11.49	13 419
贵　州	4.33	0.29	0.53	18.59	1 177
云　南	5.29	−1.08	−0.82	11.29	4 618
西　藏	3.11	−0.48	−0.31	17.96	619
陕　西	6.26	0.10	0.44	15.10	2 536
宁　夏	3.68	−0.11	0.08	5.55	1 358
新　疆	4.46	−0.59	−0.34	8.24	2 794

第六辑

大中型饭店统计资料

PART SIX

STATISTICS

OF LARGE AND MEDIUM SCALE HOTELS

(一)综合资料

6－1－1　全国大中型旅游涉外饭店综合情况

	饭店经济类型 规模、星级	饭店数 (座)	房间数 (间)	床位数 (张)	客房 出租率 (%)	营业收入 (万元)	营业税金 (万元)	固定资产 (万元)
饭店经济类型	**合　计**	**827**	**352 388**	**678 904**	**57.59**	**4 863 629.06**	**241 931.86**	**10 343 067.32**
	国有经济	454	180 216	359 658	55.78	1 800 304.27	87 765.18	3 957 559.65
	集体经济	43	12 334	25 062	52.18	85 287.94	4 642.25	232 274.62
	私营经济	5	1 478	2 716	45.88	11 171.64	534.57	20 160.00
	联营经济	11	4 257	8 324	52.98	53 563.41	2 714.75	168 263.61
	股份制经济	41	12 878	24 158	56.90	154 762.64	7 998.17	576 100.06
	外商投资经济	178	62 860	109 424	60.02	1 648 659.07	81 221.30	3 526 376.67
	港澳台投资	95	78 365	149 562	61.99	1 109 880.09	57 055.64	1 862 332.71
饭店规模	**合　计**	**827**	**352 388**	**678 904**	**57.59**	**4 863 629.06**	**241 931.86**	**10 343 067.32**
	500 间以上	96	141 500	274 620	60.38	1 935 263.50	104 901.19	3 190 817.86
	300－499 间	267	99 268	185 147	57.91	1 489 279.46	72 730.78	3 870 355.22
	200－299 间	464	111 620	219 137	54.67	1 439 086.10	64 299.89	3 281 894.24
饭店星级	**合　计**	**827**	**352 388**	**678 904**	**57.59**	**4 863 629.06**	**241 931.86**	**10 343 067.32**
	星级饭店小计	604	208 560	392 731	59.28	3 798 728.38	181 330.33	7 942 276.44
	五星级	56	29 081	47 882	62.93	1 185 813.07	59 901.98	2 384 582.54
	四星级	126	50 402	89 768	61.45	1 244 446.74	58 395.26	2 624 213.61
	三星级	286	88 872	172 352	58.47	1 152 563.65	52 808.45	2 434 554.43
	二星级	127	37 350	76 385	55.00	205 986.85	9 734.94	487 377.86
	一星级	9	2 855	6 344	54.24	9 918.07	489.70	11 548.00
	未评星级饭店	223	143 828	286 173	54.36	1 064 900.68	60 601.52	2 400 790.88

6－1－2 全国大中型旅游涉外饭店的地区分布

地　　区	饭店数（座）	房间数（间）	床位数（张）	客　房出租率（％）	营业收入（万元）	固定资产原值（万元）
合　计	**827**	**352 388**	**678 904**	**57.59**	**4 863 629.06**	**10 343 067.32**
北　京	106	43 740	78 359	61.38	1 091 752.36	2 327 532.64
天　津	14	4 449	7 873	53.14	68 439.20	110 377.66
河　北	20	6 149	12 636	41.47	58 832.20	80 578.83
山　西	6	1 805	3 838	65.63	13 420.02	20 295.30
内蒙古	7	2 091	4 266	55.35	11 027.15	25 472.72
辽　宁	34	11 205	19 662	55.11	130 145.43	474 853.26
吉　林	12	3 732	6 696	49.95	38 807.27	217 860.03
黑龙江	15	3 590	7 443	57.08	13 322.65	68 467.55
上　海	57	22 114	38 709	63.79	566 975.78	1 041 447.80
江　苏	39	11 479	20 628	56.89	219 824.45	485 884.34
浙　江	39	12 108	22 584	57.73	225 944.39	428 557.89
安　徽	8	2 048	4 266	59.32	20 788.04	33 578.04
福　建	30	8 394	15 740	57.23	102 799.37	187 825.54
江　西	12	3 068	6 046	56.17	26 878.61	61 320.34
山　东	38	11 165	21 171	47.41	120 556.02	282 192.15
河　南	23	11 271	23 772	65.47	63 041.29	84 685.95
湖　北	22	5 780	11 433	54.78	55 903.81	134 221.26
湖　南	16	4 468	9 218	54.81	61 136.85	65 196.05
广　东	159	129 422	255 476	59.70	1 537 215.86	2 481 642.36
广　西	37	11 207	22 134	52.19	86 860.51	293 870.02
海　南	28	7 824	14 504	49.32	64 859.78	271 611.35
重　庆	11	2 840	5 268	48.16	48 602.37	109 444.49
四　川	31	9 095	18 138	52.95	71 042.21	617 519.63
贵　州	6	3 030	7 881	65.82	12 177.02	34 119.07
云　南	10	3 002	5 812	63.35	48 495.87	82 367.80
西　藏	3	1 575	3 420	33.55	6 439.00	27 495.55
陕　西	22	9 177	18 178	55.10	58 952.40	185 144.69
甘　肃	9	3 043	6 380	61.89	20 985.23	72 402.61
青　海	3	927	1 878	46.55	6 942.32	26 176.62
宁　夏	2	443	964	36.26	1 217.00	1 550.00
新　疆	8	2 147	4 530	39.80	10 244.60	9 375.78

6－1－3 全国大中型旅游涉外饭店的经济类型

单位:座

地　区	总　计	国有经济	集体经济	私营经济	联营经济	股 份 制	外商投资	港 澳 台
合　计	**827**	**454**	**43**	**5**	**11**	**41**	**178**	**95**
北　京	106	47	7	0	0	2	50	0
天　津	14	3	0	0	0	0	11	0
河　北	20	20	0	0	0	0	0	0
山　西	6	6	0	0	0	0	0	0
内蒙古	7	5	0	0	0	0	1	1
辽　宁	34	15	0	0	0	4	3	12
吉　林	12	9	0	0	0	0	3	0
黑龙江	15	9	0	0	1	2	2	1
上　海	57	36	1	0	1	2	8	9
江　苏	39	27	1	0	0	1	7	3
浙　江	39	15	4	0	1	7	7	5
安　徽	8	6	0	0	0	0	2	0
福　建	30	16	1	1	0	0	6	6
江　西	12	10	1	0	0	0	0	1
山　东	38	21	4	0	0	0	9	4
河　南	23	20	1	0	1	0	1	0
湖　北	22	17	0	0	0	3	0	2
湖　南	16	9	3	0	0	2	1	1
广　东	159	64	11	3	3	2	35	41
广　西	37	16	3	0	0	1	12	5
海　南	28	6	4	0	4	10	4	0
重　庆	11	5	0	1	0	0	5	0
四　川	31	26	0	0	0	2	2	1
贵　州	6	5	0	0	0	0	1	0
云　南	10	7	0	0	0	0	2	1
西　藏	3	1	2	0	0	0	0	0
陕　西	22	13	0	0	0	3	4	2
甘　肃	9	8	0	0	0	0	1	0
青　海	3	3	0	0	0	0	0	0
宁　夏	2	2	0	0	0	0	0	0
新　疆	8	7	0	0	0	0	1	0

6-1-4 全国大中型旅游涉外饭店的客房规模

单位:座

地　区	总　计	客房间数 500以上	客房间数 300-499	客房间数 200-299
合　计	**827**	**96**	**267**	**464**
北　京	106	21	45	40
天　津	14	1	4	9
河　北	20	3	4	13
山　西	6	0	3	3
内蒙古	7	0	3	4
辽　宁	34	3	12	19
吉　林	12	0	6	6
黑龙江	15	0	4	11
上　海	57	14	20	23
江　苏	39	1	15	23
浙　江	39	4	9	26
安　徽	8	0	2	6
福　建	30	1	6	23
江　西	12	0	2	10
山　东	38	2	11	25
河　南	23	8	4	11
湖　北	22	0	6	16
湖　南	16	0	4	12
广　东	159	25	43	91
广　西	37	1	15	21
海　南	28	0	10	18
重　庆	11	0	3	8
四　川	31	2	9	20
贵　州	6	2	3	1
云　南	10	0	4	6
西　藏	3	2	1	0
陕　西	22	5	10	7
甘　肃	9	1	5	3
青　海	3	0	2	1
宁　夏	2	0	0	2
新　疆	8	0	2	6

6－1－5　全国大中型旅游涉外饭店的星级构成

单位:座

地　区	星级饭店数	五星级	四星级	三星级	二星级	一星级
合　计	**604**	**56**	**126**	**286**	**127**	**9**
北　京	96	16	26	34	18	2
天　津	10	1	4	5	0	0
河　北	14	0	1	10	3	0
山　西	3	0	1	1	1	0
内蒙古	5	0	0	4	1	0
辽　宁	19	2	6	10	1	0
吉　林	7	0	0	6	0	1
黑龙江	12	0	0	9	2	1
上　海	57	7	15	25	9	1
江　苏	29	1	10	16	2	0
浙　江	21	0	2	19	0	0
安　徽	4	0	1	3	0	0
福　建	22	0	6	13	3	0
江　西	10	0	1	4	5	0
山　东	20	3	5	12	0	0
河　南	21	0	0	9	12	0
湖　北	12	0	2	6	4	0
湖　南	15	1	2	8	4	0
广　东	105	15	22	45	22	1
广　西	25	3	2	13	7	0
海　南	14	2	6	6	0	0
重　庆	9	0	2	6	1	0
四　川	21	2	1	7	9	2
贵　州	2	0	0	1	1	0
云　南	8	0	4	0	4	0
西　藏	2	0	0	1	1	0
陕　西	20	3	5	8	3	1
甘　肃	9	0	1	4	4	0
青　海	3	0	0	1	2	0
宁　夏	1	0	0	0	1	0
新　疆	8	0	1	0	7	0

6－1－6 全国大中型旅游涉外饭店的营业收入总额

地 区	汇总单位(座)	营业收入(万元)	#客 房(万元)	#餐 饮(万元)	#商 品(万元)
合 计	**827**	**4 863 629.06**	**2 388 017.46**	**1 345 454.09**	**412 354.37**
北 京	106	1 091 752.36	478 653.42	251 416.43	113 372.33
天 津	14	68 439.20	40 887.45	14 507.00	4 448.56
河 北	20	58 832.20	20 084.19	18 162.27	9 690.24
山 西	6	13 420.02	8 401.86	4 094.64	203.70
内蒙古	7	11 027.15	5 820.35	3 595.65	747.59
辽 宁	34	130 145.43	72 913.49	41 856.38	5 840.40
吉 林	12	38 807.27	18 803.06	14 398.24	1 509.85
黑龙江	15	13 322.65	8 624.41	3 594.13	41.45
上 海	57	566 975.78	317 090.43	164 944.65	23 481.05
江 苏	39	219 824.45	91 241.14	61 054.19	42 353.53
浙 江	39	225 944.39	71 347.57	55 457.83	76 897.58
安 徽	8	20 788.04	11 599.55	6 452.05	1 511.82
福 建	30	102 799.37	53 234.04	34 707.73	4 255.65
江 西	12	26 878.61	14 358.86	8 644.96	1 395.10
山 东	38	120 556.02	59 685.28	42 537.65	4 210.40
河 南	23	63 041.29	30 249.66	27 225.90	1 408.29
湖 北	22	55 903.81	31 591.56	18 357.74	1 828.40
湖 南	16	61 136.85	27 629.84	23 051.44	1 445.85
广 东	159	1 537 215.86	803 947.68	415 150.56	87 601.48
广 西	37	86 860.51	40 671.32	35 577.20	4 292.54
海 南	28	64 859.78	37 247.56	19 846.30	667.97
重 庆	11	48 602.37	21 603.91	11 924.09	8 169.09
四 川	31	71 042.21	39 705.46	21 410.29	3 116.73
贵 州	6	12 177.02	6 067.66	3 634.21	1 197.28
云 南	10	48 495.87	20 647.92	12 314.51	5 731.67
西 藏	3	6 439.00	3 515.13	1 932.70	184.77
陕 西	22	58 952.40	32 562.54	17 377.04	2 624.49
甘 肃	9	20 985.23	10 154.42	6 383.78	2 632.43
青 海	3	6 942.32	2 949.56	2 422.53	1 107.21
宁 夏	2	1 217.00	595.00	441.00	74.00
新 疆	8	10 244.60	6 133.14	2 981.00	312.92

6－1－7 全国大中型旅游涉外饭店的营业收入构成

地区	汇总单位(座)	营业收入(万元)	#客房(%)	#餐饮(%)	#商品(%)
合计	**827**	**4 863 629.06**	**49.10**	**27.66**	**8.48**
北京	106	1 091 752.36	43.84	23.03	10.38
天津	14	68 439.20	59.74	21.20	6.50
河北	20	58 832.20	34.14	30.87	16.47
山西	6	13 420.02	62.61	30.51	1.52
内蒙古	7	11 027.15	52.78	32.61	6.78
辽宁	34	130 145.43	56.02	32.16	4.49
吉林	12	38 807.27	48.45	37.10	3.89
黑龙江	15	13 322.65	64.73	26.98	0.31
上海	57	566 975.78	55.93	29.09	4.14
江苏	39	219 824.45	41.51	27.77	19.27
浙江	39	225 944.39	31.58	24.54	34.03
安徽	8	20 788.04	55.80	31.04	7.27
福建	30	102 799.37	51.78	33.76	4.14
江西	12	26 878.61	53.42	32.16	5.19
山东	38	120 556.02	49.51	35.28	3.49
河南	23	63 041.29	47.98	43.19	2.23
湖北	22	55 903.81	56.51	32.84	3.27
湖南	16	61 136.85	45.19	37.70	2.36
广东	159	1 537 215.86	52.30	27.01	5.70
广西	37	86 860.51	46.82	40.96	4.94
海南	28	64 859.78	57.43	30.60	1.03
重庆	11	48 602.37	44.45	24.53	16.81
四川	31	71 042.21	55.89	30.14	4.39
贵州	6	12 177.02	49.83	29.84	9.83
云南	10	48 495.87	42.58	25.39	11.82
西藏	3	6 439.00	54.59	30.02	2.87
陕西	22	58 952.40	55.24	29.48	4.45
甘肃	9	20 952.23	48.39	30.42	12.54
青海	3	6 942.32	42.49	34.90	15.95
宁夏	2	1 217.00	48.89	36.24	6.08
新疆	8	10 244	59.87	29.10	3.05

6-1-8 全国大中型旅游涉外饭店的住宿人数和人天数

地区	汇总单位(座)	住宿人数			住宿人天数		
		总人数(万人)	海外旅游者(万人)	海外占百分比(%)	住宿人天数(万人夜)	海外旅游者(万人夜)	海外占百分比(%)
合计	**827**	**5 184.25**	**996.53**	**19.22**	**10 204.59**	**2 246.21**	**22.01**
北京	106	387.93	202.79	52.27	1 274.80	632.11	49.59
天津	14	26.24	8.85	33.72	92.62	51.19	55.27
河北	20	91.25	11.14	12.20	157.88	26.02	16.48
山西	6	42.07	0.45	1.08	85.47	0.88	1.03
内蒙古	7	32.45	1.44	4.44	46.32	2.72	5.87
辽宁	34	90.06	14.55	16.16	187.60	50.06	26.68
吉林	12	37.63	6.93	18.43	90.16	13.98	15.51
黑龙江	15	41.45	3.69	8.90	77.45	6.43	8.30
上海	57	–	–	–	–	–	–
江苏	39	177.56	61.20	34.47	332.97	131.00	39.34
浙江	39	166.13	25.51	15.36	288.86	59.49	20.59
安徽	8	40.73	5.46	13.39	76.28	7.81	10.24
福建	30	127.21	28.62	22.50	232.76	61.06	26.23
江西	12	–	–	–	–	–	–
山东	38	124.53	18.66	14.98	231.54	49.60	21.42
河南	23	821.33	7.83	0.95	970.76	12.98	1.34
湖北	22	79.60	9.92	12.46	124.57	19.17	15.39
湖南	16	122.72	8.95	7.29	295.54	33.16	11.22
广东	159	1 972.63	416.66	21.12	4 065.03	771.83	18.99
广西	37	179.36	37.07	20.67	339.05	70.50	20.79
海南	28	127.29	25.76	20.23	196.78	39.98	20.32
重庆	11	40.68	13.26	32.60	64.74	20.22	31.23
四川	31	123.00	11.79	9.59	240.72	27.48	11.42
贵州	6	67.23	8.73	12.99	136.69	17.75	12.99
云南	10	64.19	22.73	35.41	130.44	38.66	29.64
西藏	3	14.76	2.71	18.35	36.09	8.07	22.35
陕西	22	83.33	32.37	38.84	211.13	72.89	34.52
甘肃	9	52.34	4.23	8.08	91.31	7.50	8.21
青海	3	21.68	0.55	2.56	37.07	1.08	2.91
宁夏	2	4.44	0.01	0.26	8.88	0.01	0.15
新疆	8	24.44	4.67	19.13	81.10	12.59	15.52

6－1－9　全国大中型旅游涉外饭店的每间客房年收入

地　　区	汇　总 单　位 (座)	饭店规模		出租率 (%)	每间客房 年收入 (万元)	每间客房 年接待 人　数 (人)	每间客房 年接待 人天数 (人天)
		客房数 (间)	床位数 (张)				
合　计	**827**	**352 388**	**678 904**	**57.59**	**13.80**	**147**	**290**
北　京	106	43 740	78 359	61.38	24.96	88	291
天　津	14	4 449	7 873	53.14	15.38	58	208
河　北	20	6 149	12 636	41.47	9.57	148	257
山　西	6	1 805	3 838	65.63	7.43	233	473
内蒙古	7	2 091	4 266	55.35	5.27	155	222
辽　宁	34	11 205	19 662	55.11	11.61	80	167
吉　林	12	3 732	6 696	49.95	10.40	100	242
黑龙江	15	3 590	7 443	57.08	3.71	115	216
上　海	57	22 114	38 709	63.79	25.64	－	－
江　苏	39	11 479	20 628	56.89	19.15	154	290
浙　江	39	12 108	22 584	57.73	18.66	137	239
安　徽	8	2 048	4 266	59.32	10.15	198	372
福　建	30	8 394	15 740	57.23	12.25	151	277
江　西	12	3 068	6 046	56.17	8.76	－	－
山　东	38	11 165	21 171	47.41	10.80	111	207
河　南	23	11 271	23 772	65.47	5.59	－	－
湖　北	22	5 780	11 433	54.78	9.67	137	216
湖　南	16	4 468	9 218	54.81	13.68	－	－
广　东	159	129 422	255 476	59.70	11.88	152	314
广　西	37	11 207	22 134	52.19	7.75	160	303
海　南	28	7 804	14 504	49.32	8.29	162	252
重　庆	11	2 840	5 268	48.16	17.11	143	228
四　川	31	9 095	18 139	52.95	7.81	135	265
贵　州	6	3 030	7 881	65.82	4.02	221	451
云　南	10	3 002	5 812	63.35	16.15	213	435
西　藏	3	1 575	3 420	33.55	4.09	93	229
陕　西	22	9 177	18 178	55.10	6.42	90	230
甘　肃	9	3 043	6 380	61.89	6.90	171	300
青　海	3	927	1 878	46.55	7.49	233	400
宁　夏	2	443	964	36.26	2.75	100	200
新　疆	8	2 147	4 530	39.80	4.77	113	378

6-1-10 全国大中型旅游涉外饭店的人均效益

地 区	全员劳动生产率(万元/人)	人均实现利润(万元/人)	人均实现利税(万元/人)	人均占用固定资产原值(万元/人)	职工人数(人)
合 计	**10.99**	**0.56**	**1.11**	**23.37**	**442 504**
北 京	14.30	1.43	2.11	30.50	76 323
天 津	9.91	-0.18	0.26	15.98	6 909
河 北	8.09	0.63	1.02	11.09	7 268
山 西	4.92	-0.18	0.06	7.45	2 725
内蒙古	4.14	-0.14	0.10	9.55	2 666
辽 宁	7.77	-0.56	-0.17	28.37	16 739
吉 林	6.28	-2.00	-1.69	35.25	6 181
黑龙江	2.41	0.08	0.19	12.41	5 519
上 海	15.14	1.90	2.71	27.80	37 456
江 苏	10.59	-0.05	0.38	23.40	20 766
浙 江	11.24	0.26	0.65	21.32	20 097
安 徽	6.45	0.53	0.85	10.42	3 224
福 建	7.26	0.13	0.51	13.26	14 164
江 西	5.88	0.68	0.96	13.40	4 575
山 东	7.02	-1.30	-0.95	16.42	17 183
河 南	6.40	0.28	0.70	8.60	9 845
湖 北	6.99	0.79	1.10	16.79	7 996
湖 南	13.77	1.26	1.90	14.68	4 440
广 东	14.41	1.32	2.09	23.27	106 662
广 西	5.02	-1.51	-1.26	16.97	17 320
海 南	5.97	-1.34	-1.01	25.00	10 866
重 庆	8.92	0.01	0.46	20.09	5 447
四 川	5.48	0.45	0.72	47.65	12 959
贵 州	6.06	0.18	0.52	16.98	2 009
云 南	10.22	1.33	1.80	17.37	4 743
西 藏	5.08	0.66	0.92	21.70	1 267
陕 西	7.10	-3.36	-3.02	22.30	8 304
甘 肃	4.14	-0.26	-0.05	14.27	5 074
青 海	4.04	-1.30	-1.12	15.25	1 717
宁 夏	2.14	-0.27	-0.17	-	570
新 疆	6.88	0.91	1.24	6.29	1 490

(二)国有大中型饭店统计资料

6-2-1 全国国有大中型旅游涉外饭店综合情况

饭店规模、星级		饭店数（座）	房间数（间）	床位数（张）	客房出租率（%）	营业收入（万元）	营业税金（万元）	固定资产（万元）
饭店规模	**合　计**	**454**	**180 216**	**359 658**	**55.78**	**1 800 304.27**	**87 765.18**	**3 957 559.65**
	500 间以上	54	68 471	137 325	58.15	707 342.39	36 424.00	1 305 679.36
	300－499 间	126	46 302	90 151	55.95	485 869.56	22 493.22	1 136 598.96
	200－299 间	274	65 443	132 182	53.60	607 092.32	28 847.96	1 515 281.33
饭店星级	**合　计**	**454**	**180 216**	**359 658**	**55.78**	**1 800 304.27**	**87 765.18**	**3 957 559.65**
	星级饭店小计	333	111 710	220 053	57.60	1 323 015.96	62 209.28	3 308 588.61
	五星级	7	4 540	8 228	61.46	168 131.87	6 367.43	684 075.84
	四星级	37	17 937	32 975	61.06	336 125.24	17 328.58	751 253.99
	三星级	176	55 889	110 222	57.82	639 583.17	30 100.44	1 447 130.11
	二星级	105	30 830	62 965	54.63	172 647.61	8 119.13	416 372.67
	一星级	8	2 514	5 663	50.13	6 528.07	293.70	9 756.00
	未评星级饭店	121	68 506	139 605	52.49	477 288.31	25 555.90	648 971.04

6－2－2 全国国有大中型旅游涉外饭店的地区分布

地 区	饭店数（座）	房间数（间）	床位数（张）	客房出租率（%）	营业收入（万元）	固定资产原值（万元）
合 计	**454**	**180 216**	**359 658**	**55.78**	**1 800 304.27**	**3 957 559.65**
北 京	47	19 789	37 434	58.29	255 374.57	639 680.94
天 津	3	1 266	2 528	46.47	9 981.80	10 117.10
河 北	20	6 149	12 636	41.47	58 832.20	80 578.83
山 西	6	1 805	3 838	65.63	13 420.02	20 295.30
内蒙古	5	1 637	3 376	55.17	6 233.49	12 445.73
辽 宁	15	4 282	8 504	49.72	35 672.27	120 823.50
吉 林	9	2 710	5 111	53.23	21 767.27	94 637.03
黑龙江	9	2 117	4 332	51.04	6 985.94	35 340.85
上 海	36	13 026	23 991	62.23	232 198.03	426 272.78
江 苏	27	7 726	14 194	58.30	159 298.39	298 857.51
浙 江	15	4 928	9 553	56.63	56 841.53	140 554.99
安 徽	6	1 401	3 046	56.35	10 648.04	17 585.04
福 建	16	4 194	8 132	52.82	30 511.16	59 028.23
江 西	10	2 495	5 040	55.55	19 205.52	41 523.44
山 东	21	5 506	11 210	45.39	50 886.44	110 477.92
河 南	20	9 434	19 771	67.75	51 512.37	68 343.81
湖 北	17	4 453	8 982	54.33	27 790.50	69 616.34
湖 南	9	2 649	5 787	47.40	23 888.13	54 270.05
广 东	64	52 421	105 031	57.76	535 243.55	761 500.32
广 西	16	4 895	10 116	52.38	32 882.91	101 272.42
海 南	6	1 767	3 371	54.21	7 928.25	28 322.37
重 庆	5	1 313	2 465	46.54	12 547.81	20 319.95
四 川	26	7 291	14 905	52.40	47 857.34	496 115.98
贵 州	5	2 550	6 625	64.02	6 741.13	25 379.00
云 南	7	2 153	4 192	57.81	21 513.11	48 634.00
西 藏	1	450	919	30.35	4 857.77	21 700.05
陕 西	13	5 993	12 091	54.18	29 236.38	76 136.16
甘 肃	8	2 659	5 703	65.31	17 405.23	40 627.61
青 海	3	927	1 878	46.55	6 942.32	26 176.62
宁 夏	2	443	964	36.26	1 217.00	1 550.00
新 疆	7	1 787	3 933	39.35	4 883.80	9 375.78

6-2-3 全国国有大中型旅游涉外饭店的客房规模

单位:座

地 区	总 计	客房间数 500以上	客房间数 300-499	客房间数 200-299
合 计	**454**	**54**	**126**	**274**
北 京	47	8	18	21
天 津	3	1	1	1
河 北	20	3	4	13
山 西	6	0	3	3
内蒙古	5	0	3	2
辽 宁	15	0	3	12
吉 林	9	0	4	5
黑龙江	9	0	2	7
上 海	36	6	12	18
江 苏	27	1	9	17
浙 江	15	3	2	10
安 徽	6	0	1	5
福 建	16	0	2	14
江 西	10	0	1	9
山 东	21	0	4	17
河 南	20	7	3	10
湖 北	17	0	5	12
湖 南	9	0	3	6
广 东	64	15	10	39
广 西	16	0	9	7
海 南	6	0	3	3
重 庆	5	0	2	3
四 川	26	2	5	19
贵 州	5	2	2	1
云 南	7	0	3	4
西 藏	1	0	1	0
陕 西	13	5	4	4
甘 肃	8	1	4	3
青 海	3	0	2	1
宁 夏	2	0	0	2
新 疆	7	0	1	6

6-2-4 全国国有大中型旅游涉外饭店的星级构成

单位:座

地 区	星级饭店数	五星级	四星级	三星级	二星级	一星级
合 计	**333**	**7**	**37**	**176**	**105**	**8**
北 京	43	2	10	16	13	2
天 津	2	0	0	2	0	0
河 北	14	0	1	10	3	0
山 西	3	0	1	1	1	0
内蒙古	3	0	0	2	1	0
辽 宁	8	0	1	6	1	0
吉 林	7	0	0	6	0	1
黑龙江	8	0	0	6	1	1
上 海	36	1	7	18	9	1
江 苏	20	1	5	13	1	0
浙 江	12	0	1	11	0	0
安 徽	3	0	0	3	0	0
福 建	10	0	0	8	2	0
江 西	10	0	1	4	5	0
山 东	11	0	1	10	0	0
河 南	18	0	0	6	12	0
湖 北	9	0	0	5	4	0
湖 南	8	0	1	6	1	0
广 东	38	2	3	18	15	0
广 西	8	0	0	4	4	0
海 南	2	0	0	2	0	0
重 庆	4	0	0	3	1	0
四 川	18	1	1	5	9	2
贵 州	1	0	0	0	1	0
云 南	5	0	1	0	4	0
西 藏	1	0	0	1	0	0
陕 西	12	0	3	5	3	1
甘 肃	8	0	0	4	4	0
青 海	3	0	0	1	2	0
宁 夏	1	0	0	0	1	0
新 疆	7	0	0	0	7	0

6-2-5 全国国有大中型旅游涉外饭店的营业收入总额

地区	汇总单位（座）	营业收入（万元）	#客房（万元）	#餐饮（万元）	#商品（万元）
合计	**454**	**1 800 304.27**	**961 717.01**	**480 476.37**	**139 711.56**
北京	47	255 374.57	141 239.93	65 386.29	11 793.41
天津	3	9 981.80	6 282.90	1 898.20	1 486.20
河北	20	58 832.20	20 084.19	18 162.27	9 690.24
山西	6	13 420.02	8 401.86	4 094.64	203.70
内蒙古	5	6 233.49	3 424.71	2 291.01	198.59
辽宁	15	35 672.27	19 391.32	11 558.41	1 408.52
吉林	9	21 767.27	11 061.06	7 653.24	1 251.85
黑龙江	9	6 985.94	4 499.03	1 680.22	41.45
上海	36	232 198.03	125 826.70	66 689.00	14 695.63
江苏	27	159 298.39	54 920.59	43 429.56	38 710.13
浙江	15	56 841.53	24 639.39	14 854.67	12 178.52
安徽	6	10 648.04	6 765.55	3 346.05	321.82
福建	16	30 511.16	16 265.37	10 529.04	1 344.73
江西	10	19 205.52	10 075.50	5 503.65	1 395.10
山东	21	50 886.44	24 338.35	17 958.29	2 729.64
河南	20	51 512.37	24 722.30	22 663.98	1 217.19
湖北	17	27 790.50	14 094.81	10 177.67	1 018.80
湖南	9	23 888.13	10 966.00	7 626.29	1 296.92
广东	64	535 243.55	329 274.98	104 601.63	23 330.65
广西	16	32 882.91	13 407.30	14 768.95	2 725.67
海南	6	7 928.25	4 277.40	2 472.74	19.80
重庆	5	12 547.81	7 004.24	4 004.17	722.79
四川	26	47 857.34	26 003.90	13 751.93	2 919.41
贵州	5	6 741.13	2 492.20	2 237.78	974.59
云南	7	21 513.11	9 075.86	4 270.29	1 594.89
西藏	1	4 857.77	2 671.77	1 505.89	145.73
陕西	13	29 236.38	15 438.40	8 218.59	2 169.03
甘肃	8	17 405.23	8 422.42	4 891.78	2 632.43
青海	3	6 942.32	2 949.56	2 422.53	1 107.21
宁夏	2	1 217.00	595.00	441.00	74.00
新疆	7	4 883.80	3 104.42	1 287.61	312.92

6-2-6 全国国有大中型旅游涉外饭店的营业收入构成

地　区	汇总单位(座)	营业收入(万元)	# 客　房(%)	# 餐　饮(%)	# 商　品(%)
合　计	**454**	**1 800 304.27**	**53.42**	**26.69**	**7.76**
北　京	47	255 374.57	55.31	25.60	4.62
天　津	3	9 981.80	62.94	19.02	14.89
河　北	20	58 832.20	34.14	30.87	16.47
山　西	6	13 420.02	62.61	30.51	1.52
内蒙古	5	6 233.49	54.94	36.75	3.19
辽　宁	15	35 672.27	54.36	32.40	3.95
吉　林	9	21 767.27	50.82	35.16	5.75
黑龙江	9	6 985.94	64.40	24.05	0.59
上　海	36	232 198.03	54.19	28.72	6.33
江　苏	27	159 298.39	34.48	27.26	24.30
浙　江	15	56 841.53	43.35	26.13	21.43
安　徽	6	10 648.04	63.54	31.42	3.02
福　建	16	30 511.16	53.31	34.51	4.41
江　西	10	19 205.52	52.46	28.66	7.26
山　东	21	50 886.44	47.83	35.29	5.36
河　南	20	51 512.37	47.99	44.00	2.36
湖　北	17	27 790.50	50.72	36.62	3.67
湖　南	9	23 888.13	45.91	31.93	5.43
广　东	64	535 243.55	63.39	19.54	4.36
广　西	16	32 882.91	40.77	45.21	8.29
海　南	6	7 928.25	53.95	31.19	0.25
重　庆	5	12 547.81	55.82	31.91	5.76
四　川	26	47 857.34	54.34	28.74	6.10
贵　州	5	6 741.13	36.97	33.20	14.46
云　南	7	21 513.11	42.19	19.85	7.41
西　藏	1	4 857.77	55.10	31.00	3.00
陕　西	13	29 236.38	52.81	28.11	7.42
甘　肃	8	17 405.23	48.39	28.11	15.12
青　海	3	6 942.32	42.49	34.90	15.95
宁　夏	2	1 217.00	48.89	36.24	6.08
新　疆	7	4 883.80	63.57	26.36	6.41

6－2－7　全国国有大中型旅游涉外饭店的住宿人数和人天数

地　区	汇总单位（座）	住宿人数			住宿人天数		
		总人数（万人）	海外旅游者（万人）	海外占百分比（%）	住宿人天数（万人夜）	海外旅游者（万人夜）	海外占百分比（%）
合　计	**454**	**3 051.22**	**320.93**	**10.52**	**5 824.04**	**757.82**	**13.01**
北　京	47	164.50	53.20	32.34	581.60	184.66	31.75
天　津	3	5.78	0.96	16.59	22.23	5.91	26.60
河　北	20	91.25	11.14	12.20	157.88	26.02	16.48
山　西	6	42.07	0.45	1.08	85.47	0.88	1.03
内蒙古	5	27.90	0.23	0.84	36.76	0.64	1.74
辽　宁	15	46.91	3.45	7.36	87.43	12.32	14.09
吉　林	9	26.62	3.05	11.47	70.22	7.06	10.06
黑龙江	9	17.93	1.55	8.63	35.58	3.30	9.28
上　海	36	–	–	–	–	–	–
江　苏	27	129.75	33.69	25.96	240.55	73.66	30.62
浙　江	15	67.03	7.62	11.37	118.44	17.91	15.12
安　徽	6	33.12	4.48	13.54	61.92	5.22	8.43
福　建	16	55.99	6.65	11.89	109.62	12.56	11.45
江　西	10	–	–	–	–	–	–
山　东	21	81.48	5.82	7.14	136.60	15.99	11.71
河　南	20	790.95	6.51	0.82	909.18	10.40	1.14
湖　北	17	56.06	1.14	2.03	87.41	2.46	2.81
湖　南	9	71.89	4.51	6.28	138.16	14.54	10.53
广　东	64	854.45	126.87	14.85	1 964.56	263.47	13.41
广　西	16	84.92	3.50	4.12	146.81	6.58	4.48
海　南	6	30.49	3.60	11.82	42.02	4.09	9.73
重　庆	5	18.52	1.98	10.69	29.65	3.34	11.25
四　川	26	96.30	5.84	6.06	195.60	17.57	8.98
贵　州	5	63.36	7.74	12.21	126.59	15.76	12.45
云　南	7	43.66	7.86	17.99	91.50	11.86	12.96
西　藏	1	2.20	1.56	70.83	5.54	3.67	66.24
陕　西	13	51.43	12.23	23.77	138.89	25.32	18.23
甘　肃	8	49.49	2.36	4.77	84.80	4.06	4.79
青　海	3	21.68	0.55	2.56	37.07	1.08	2.91
宁　夏	2	4.44	0.01	0.26	8.88	0.01	0.15
新　疆	7	21.03	2.36	11.21	73.10	7.48	10.23

6-2-8 全国国有大中型旅游涉外饭店的每间客房年收入

地区	汇总单位（座）	饭店规模		出租率（%）	每间客房年收入（万元）	每间客房年接待人数（人）	每间客房年接待人天数（人天）
		客房数（间）	床位数（张）				
合计	**454**	**180 216**	**359 658**	**55.78**	**9.99**	**169**	**323**
北京	47	19 789	37 434	58.29	12.90	83	294
天津	3	1 266	2 538	46.47	7.88	45	176
河北	20	6 149	12 636	41.47	9.57	148	257
山西	6	1 805	3 838	65.63	7.43	233	473
内蒙古	5	1 637	3 376	55.17	3.81	170	225
辽宁	15	4 282	8 504	49.72	8.33	109	204
吉林	9	2 710	5 111	53.23	8.03	98	259
黑龙江	9	2 117	4 332	51.04	3.30	84	168
上海	36	13 026	23 991	62.23	17.83	—	—
江苏	27	7 726	14 194	58.30	20.62	167	311
浙江	15	4 928	9 553	56.63	11.53	136	240
安徽	6	1 401	3 046	56.35	7.60	236	442
福建	16	4 194	8 132	52.82	7.27	133	261
江西	10	2 495	5 040	55.55	7.70	—	—
山东	21	5 506	11 210	45.39	9.24	147	248
河南	20	9 434	19 771	67.75	5.46	—	—
湖北	17	4 453	8 982	54.33	6.24	125	196
湖南	9	2 649	5 787	47.40	9.02	271	522
广东	64	52 421	105 031	57.76	10.21	162	375
广西	16	4 895	10 116	52.38	6.72	173	300
海南	6	1 767	3 371	54.21	4.49	172	238
重庆	5	1 313	2 465	46.54	9.56	141	226
四川	26	7 291	14 905	52.40	6.56	132	268
贵州	5	2 550	6 625	64.02	2.64	248	496
云南	7	2 153	4 192	57.81	9.99	202	425
西藏	1	450	919	30.35	10.80	48	123
陕西	13	5 993	12 091	54.18	4.88	85	232
甘肃	8	2 659	5 703	65.31	6.55	186	319
青海	3	927	1 878	46.55	7.49	233	400
宁夏	2	443	964	36.26	2.75	100	200
新疆	7	1 787	3 933	39.35	2.73	117	409

6－2－9 全国国有大中型旅游涉外饭店的人均效益

地　区	全员劳动生产率（万元/人）	人均实现利　润（万元/人）	人均实现利　税（万元/人）	人均占用固定资产原值（万元/人）	职工人数（人）
合　计	**8.49**	**0.22**	**0.63**	**18.66**	**212 066**
北　京	7.71	0.22	0.59	19.32	33 107
天　津	6.17	1.00	1.15	6.25	1 619
河　北	8.09	0.63	1.02	11.09	7 268
山　西	4.92	−0.18	0.06	7.45	2 725
内蒙古	3.69	−0.05	0.21	7.37	1 688
辽　宁	6.11	−0.41	−0.12	20.70	5 836
吉　林	4.81	−0.93	−0.70	20.92	4 524
黑龙江	2.21	−0.00	0.10	11.16	3 166
上　海	10.92	0.20	0.76	20.05	21 264
江　苏	10.81	−0.21	0.21	20.28	14 737
浙　江	8.05	0.34	0.69	19.91	7 059
安　徽	5.15	0.43	0.68	8.50	2 068
福　建	5.32	0.07	0.35	10.29	5 739
江　西	5.55	0.28	0.55	12.00	3 461
山　东	6.50	−0.44	− 0.11	14.10	7 834
河　南	7.09	0.42	0.92	9.40	7 268
湖　北	5.21	0.42	0.63	13.05	5 334
湖　南	6.56	−0.45	−0.18	14.90	3 643
广　东	15.62	1.56	2.35	22.22	34 276
广　西	3.95	−0.30	−0.12	12.17	8 321
海　南	3.36	−1.75	−1.56	12.01	2 358
重　庆	8.11	0.15	0.60	13.14	1 547
四　川	4.81	−0.11	0.11	49.87	9 948
贵　州	5.14	0.19	0.46	19.34	1 312
云　南	8.24	−0.24	0.17	18.63	2 610
西　藏	7.13	0.94	1.27	31.86	681
陕　西	6.68	−2.08	−1.76	17.39	4 379
甘　肃	3.85	−0.09	0.10	8.99	4 517
青　海	4.04	−1.30	−1.12	15.25	1 717
宁　夏	2.14	−0.27	−0.17	−	570
新　疆	3.28	− 0.31	−0.19	6.29	1 490

（三）外资大中型饭店统计资料

6－3－1　全国外资大中型旅游涉外饭店综合情况

	饭店经济类型 规模、星级	饭店数 （座）	房间数 （间）	床位数 （张）	客房 出租率 （%）	营业收入 （万元）	营业税金 （万元）	固定资产 （万元）
饭店经济类型	**合　计**	**273**	**141 225**	**258 986**	**60.95**	**2 758 539.16**	**138 276.94**	**5 388 709.38**
	外商投资经济	178	62 860	109 424	60.02	1 648 659.07	81 221.30	3 526 376.67
	港澳台投资	95	78 365	149 562	61.99	1 109 880.09	57 055.64	1 862 332.71
饭店规模	**合　计**	**273**	**141 225**	**258 986**	**60.95**	**2 758 539.16**	**138 276.94**	**5 388 709.38**
	500 间以上	35	67 934	126 875	63.38	1 183 499.31	66 243.19	1 715 690.03
	300－499 间	112	42 525	75 353	60.68	906 495.89	45 494.25	2 345 462.17
	200－299 间	126	30 766	56 758	57.77	668 543.96	26 539.50	1 327 557.18
饭店星级	**合　计**	**273**	**141 225**	**258 986**	**60.95**	**2 758 539.16**	**138 276.94**	**5 388 709.38**
	星级饭店小计	208	76 329	132 806	62.13	2 227 474.73	106 279.48	3 947 915.61
	五星级	44	22 413	36 054	63.74	962 918.69	50 641.77	1 479 360.96
	四星级	78	29 315	50 695	62.50	850 292.54	38 193.19	1 713 250.44
	三星级	79	22 790	42 320	60.40	404 388.22	16 992.19	731 533.37
	二星级	7	1 811	3 737	57.74	9 875.28	452.33	23 770.84
	未评星级饭店	65	64 896	126 180	58.62	531 064.43	31 997.46	1 440 793.77

6－3－2 全国外资大中型旅游涉外饭店的地区分布

地　区	饭店数（座）	房间数（间）	床位数（张）	客房出租率（%）	营业收入（万元）	固定资产原值（万元）
合　计	**273**	**141 225**	**258 986**	**60.95**	**2 758 539.16**	**5 388 709.38**
北　京	50	21 280	35 506	64.50	817 202.51	1 638 313.02
天　津	11	3 183	5 345	56.00	58 457.40	100 260.56
内蒙古	2	454	890	55.86	4 793.66	13 026.99
辽　宁	15	5 617	8 971	57.45	87 681.76	266 350.76
吉　林	3	1 022	1 585	42.65	17 040.00	123 223.00
黑龙江	3	760	1 736	59.38	2 750.50	14 136.70
上　海	17	7 558	11 907	66.84	297 128.71	460 375.06
江　苏	10	3 218	5 517	55.76	58 300.78	155 943.48
浙　江	12	3 736	6 483	60.09	124 402.90	164 376.51
安　徽	2	647	1 220	65.72	10 140.00	15 993.00
福　建	12	3 451	6 161	30.31	67 747.21	122 065.31
江　西	1	303	500	60.78	6 036.79	13 343.00
山　东	13	4 459	7 623	50.62	62 580.64	150 613.70
河　南	1	250	475	64.60	4 246.28	7 933.14
湖　北	2	601	1 021	65.64	16 202.41	32 618.92
湖　南	2	506	1 041	69.49	7 649.00	4 126.00
广　东	76	71 078	138 551	62.18	941 107.65	1 532 363.65
广　西	17	5 399	10 232	52.13	49 532.96	186 781.32
海　南	4	1 238	1 942	48.55	10 459.07	58 351.32
重　庆	5	1 312	2 383	55.92	34 859.90	89 124.54
四　川	3	977	1 660	57.12	17 187.10	100 853.00
贵　州	1	480	1 256	70.29	5 435.89	8 740.07
云　南	3	849	1 620	77.02	26 982.76	33 733.80
陕　西	6	2 103	4 087	55.68	21 672.48	64 287.53
甘　肃	1	384	677	29.87	3 580.00	31 775.00
新　疆	1	360	597	41.73	5 360.80	－

6－3－3　全国外资大中型旅游涉外饭店的客房规模

单位:座

地　区	总　计	客房间数 500 以上	客房间数 300－499	客房间数 200－299
合　计	**273**	**35**	**112**	**126**
北　京	50	13	23	14
天　津	11	0	3	8
内蒙古	2	0	0	2
辽　宁	15	3	6	6
吉　林	3	0	2	1
黑龙江	3	0	1	2
上　海	17	7	7	3
江　苏	10	0	5	5
浙　江	12	0	6	6
安　徽	2	0	1	1
福　建	12	0	4	8
江　西	1	0	1	0
山　东	13	2	5	6
河　南	1	0	0	1
湖　北	2	0	1	1
湖　南	2	0	0	2
广　东	76	9	27	40
广　西	17	1	6	10
海　南	4	0	3	1
重　庆	5	0	1	4
四　川	3	0	2	1
贵　州	1	0	1	0
云　南	3	0	1	2
陕　西	6	0	4	2
甘　肃	1	0	1	0
新　疆	1	0	1	0

6－3－4　全国外资大中型旅游涉外饭店的星级构成

单位:座

地　区	星级饭店数	五星级	四星级	三星级	二星级	一星级
合　计	**208**	**44**	**78**	**79**	**7**	**0**
北　京	46	14	15	17	0	0
天　津	8	1	4	3	0	0
内蒙古	2	0	0	2	0	0
辽　宁	9	2	5	2	0	0
吉　林	0	0	0	0	0	0
黑龙江	1	0	0	1	0	0
上　海	17	5	8	4	0	0
江　苏	9	0	5	3	1	0
浙　江	4	0	0	4	0	0
安　徽	1	0	1	0	0	0
福　建	11	0	6	5	0	0
江　西	0	0	0	0	0	0
山　东	8	3	4	1	0	0
河　南	1	0	0	1	0	0
湖　北	1	0	1	0	0	0
湖　南	2	0	1	0	1	0
广　东	56	13	17	23	3	0
广　西	15	3	2	8	2	0
海　南	1	0	1	0	0	0
重　庆	4	0	2	2	0	0
四　川	1	1	0	0	0	0
贵　州	1	0	0	1	0	0
云　南	3	0	3	0	0	0
陕　西	5	2	1	2	0	0
甘　肃	1	0	1	0	0	0
新　疆	1	0	1	0	0	0

6-3-5 全国外资大中型旅游涉外饭店的营业收入总额

地区	汇总单位(座)	营业收入(万元)	#客房(万元)	#餐饮(万元)	#商品(万元)
合计	**273**	**2 758 539.16**	**1 276 007.54**	**755 728.15**	**265 753.32**
北京	50	817 202.51	326 671.43	180 350.77	100 585.05
天津	11	58 457.40	34 604.55	12 608.80	2 962.36
内蒙古	2	4 793.66	2 395.64	1 304.64	549.00
辽宁	15	87 681.76	49 289.55	28 220.77	4 372.32
吉林	3	17 040.00	7 742.00	6 745.00	258.00
黑龙江	3	2 750.50	1 955.80	694.20	-
上海	17	297 128.71	172 744.72	86 421.54	6 941.11
江苏	10	58 300.78	35 530.19	16 528.19	3 601.94
浙江	12	124 402.90	27 924.40	22 953.17	63 535.94
安徽	2	10 140.00	4 834.00	3 106.00	1 190.00
福建	12	67 747.21	33 918.67	22 990.69	2 889.92
江西	1	6 036.79	3 230.76	2 589.51	-
山东	13	62 580.64	31 817.66	22 180.36	1 396.34
河南	1	4 246.28	2 346.37	1 452.73	114.10
湖北	2	16 202.41	9 310.44	5 868.17	-
湖南	2	7 649.00	3 975.00	2 277.70	56.00
广东	76	941 107.65	440 918.15	283 836.11	63 472.15
广西	17	49 532.96	24 743.39	19 184.84	1 489.42
海南	4	10 459.07	5 752.19	3 623.47	127.80
重庆	5	34 859.90	14 053.90	7 513.48	7 444.36
四川	3	17 187.10	10 259.19	5 792.99	-
贵州	1	5 435.89	3 575.46	1 396.43	222.69
云南	3	26 982.76	11 572.06	8 044.22	4 136.78
陕西	6	21 672.48	12 081.31	6 858.98	408.04
甘肃	1	3 580.00	1 732.00	1 492.00	-
新疆	1	5 360.80	3 028.72	1 693.39	-

6－3－6　全国外资大中型旅游涉外饭店的营业收入构成

地区	汇总单位(座)	营业收入(万元)	#客房(%)	#餐饮(%)	#商品(%)
合计	**273**	**2 758 539.16**	**46.26**	**27.40**	**9.63**
北京	50	817 202.51	39.97	22.07	12.31
天津	11	58 457.40	59.20	21.57	5.07
内蒙古	2	4 793.66	49.98	27.22	11.45
辽宁	15	87 681.76	56.21	32.19	4.99
吉林	3	17 040.00	45.43	39.58	1.51
黑龙江	3	2 750.50	71.11	25.24	－
上海	17	297 128.71	58.14	29.09	2.34
江苏	10	58 300.78	60.94	28.35	6.18
浙江	12	124 402.90	22.45	18.45	51.07
安徽	2	10 140.00	47.67	30.63	11.74
福建	12	67 747.21	50.07	33.94	4.27
江西	1	6 036.79	53.52	42.90	－
山东	13	62 580.64	50.84	35.44	2.23
河南	1	4 246.28	55.26	34.21	2.69
湖北	2	16 202.41	57.46	36.22	－
湖南	2	7 649.00	51.97	29.78	0.73
广东	76	941 107.65	46.85	30.16	6.74
广西	17	49 532.96	49.95	38.73	3.01
海南	4	10 459.07	55.00	34.64	1.22
重庆	5	34 859.90	40.32	21.55	21.36
四川	3	17 187.10	59.69	33.71	－
贵州	1	5 435.89	65.78	25.69	4.10
云南	3	26 982.76	42.89	29.81	15.33
陕西	6	21 672.48	55.74	31.65	1.88
甘肃	1	3 580.00	48.38	41.68	－
新疆	1	5 360.80	56.50	31.59	－

6－3－7 全国外资大中型旅游涉外饭店的住宿人数和人天数

地区	汇总单位(座)	住宿人数			住宿人天数		
		总人数(万人)	海外旅游者(万人)	海外占百分比(%)	住宿人天数(万人夜)	海外旅游者(万人夜)	海外占百分比(%)
合计	**273**	**1 684.49**	**611.44**	**36.30**	**3 527.14**	**1 358.74**	**38.52**
北京	50	204.76	143.44	70.05	625.54	430.18	68.77
天津	11	20.46	7.89	38.56	70.39	45.28	64.32
内蒙古	2	4.55	1.21	26.56	9.56	2.08	21.76
辽宁	15	40.07	10.77	26.88	91.48	36.47	39.87
吉林	3	11.01	3.88	35.24	19.94	6.92	34.68
黑龙江	3	7.55	0.75	10.00	9.70	1.28	13.15
上海	17	－	－	－	－	－	－
江苏	10	45.62	27.30	59.84	88.51	56.74	64.11
浙江	12	40.20	11.43	28.43	78.25	29.04	37.11
安徽	2	7.62	0.97	12.78	14.36	2.59	18.05
福建	12	55.28	21.69	39.25	103.00	47.92	46.53
江西	1	－	－	－	－	－	－
山东	13	30.34	11.70	38.56	68.56	31.82	46.41
河南	1	3.28	1.27	38.61	7.39	2.46	33.22
湖北	2	8.91	6.03	67.70	15.50	10.25	66.15
湖南	2	8.13	1.13	13.86	12.47	2.32	18.60
广东	76	1 022.34	272.29	26.63	1 958.80	480.03	24.51
广西	17	73.26	33.35	45.52	156.15	63.44	40.63
海南	4	22.12	7.11	32.14	32.10	11.28	35.14
重庆	5	17.07	9.34	54.73	29.74	14.75	49.60
四川	3	11.84	5.60	47.34	20.93	9.41	44.95
贵州	1	3.87	0.99	25.61	10.10	1.99	19.75
云南	3	20.53	14.87	72.46	38.94	26.80	68.84
陕西	6	19.43	14.23	73.25	51.23	37.15	72.51
甘肃	1	2.85	1.87	65.55	6.51	3.44	52.79
新疆	1	3.41	2.32	67.90	8.00	5.11	63.88

6-3-8 全国外资大中型旅游涉外饭店的每间客房年收入

地区	汇总单位(座)	饭店规模		出租率(%)	每间客房年收入(万元)	每间客房年接待人数(人)	每间客房年接待人天数(人天)
		客房数(间)	床位数(张)				
合计	**273**	**141 225**	**258 986**	**60.95**	**19.53**	**119**	**250**
北京	50	21 280	35 506	64.50	38.40	96	294
天津	11	3 183	5 345	56.00	18.37	64	221
内蒙古	2	454	890	55.86	10.56	100	211
辽宁	15	5 617	8 971	57.45	15.61	71	163
吉林	3	1 022	1 585	42.65	16.67	107	195
黑龙江	3	760	1 736	59.38	3.62	99	128
上海	17	7 558	11 907	66.84	39.31	–	–
江苏	10	3 218	5 517	55.76	18.12	141	275
浙江	12	3 736	6 483	60.09	33.30	107	209
安徽	2	647	1 220	65.72	15.67	117	222
福建	12	3 451	6 161	60.31	19.63	160	298
江西	1	303	500	60.78	19.92	–	–
山东	13	4 459	7 623	50.62	14.03	68	154
河南	1	250	475	64.60	16.99	131	296
湖北	2	601	1 021	65.64	26.96	148	258
湖南	2	506	1 041	69.49	15.12	160	246
广东	76	71 078	138 551	62.18	13.24	143	276
广西	17	5 399	10 232	52.13	9.17	135	289
海南	4	1 238	1 942	48.55	8.45	178	259
重庆	5	1 312	2 383	55.92	26.57	130	227
四川	3	977	1 660	57.12	17.59	121	214
贵州	1	480	1 256	70.29	11.32	80	210
云南	3	849	1 620	77.02	31.78	241	459
陕西	6	2 103	4 087	55.68	10.31	32	244
甘肃	1	384	677	29.87	9.32	74	169
新疆	1	360	597	41.73	14.89	94	222

6-3-9 全国外资大中型旅游涉外饭店的人均效益

地区	全员劳动生产率(万元/人)	人均实现利润(万元/人)	人均实现利税(万元/人)	人均占用固定资产原值(万元/人)	职工人数(人)
合计	**14.80**	**1.04**	**1.78**	**28.90**	**186 443**
北京	20.37	2.53	3.50	40.84	41 119
天津	11.05	-0.55	-0.01	18.95	5 290
内蒙古	4.90	-0.30	-0.08	13.32	978
辽宁	9.77	-0.86	-0.36	29.67	8 976
吉林	10.28	-4.92	-4.39	74.37	1 657
黑龙江	2.08	0.13	0.24	10.69	1 323
上海	23.09	4.66	5.91	35.78	12 866
江苏	11.26	0.52	1.03	30.12	5 177
浙江	16.74	0.63	1.03	22.12	7 430
安徽	8.77	0.71	1.17	13.83	1 156
福建	9.05	0.19	0.68	16.30	7 490
江西	8.62	2.97	3.40	19.06	700
山东	8.23	-2.25	-1.82	19.81	7 601
河南	6.88	-0.38	-0.04	12.86	617
湖北	13.63	2.90	3.63	27.43	1 189
湖南	16.81	-0.77	0.10	9.07	455
广东	15.20	1.41	2.24	24.76	61 901
广西	6.20	-2.96	-2.65	23.37	7 994
海南	4.86	-3.13	-2.85	27.14	2 150
重庆	10.10	0.19	0.68	25.82	3 452
四川	9.39	2.41	2.91	55.08	1 831
贵州	7.80	0.18	0.65	12.54	697
云南	12.65	3.24	3.79	15.82	2 133
陕西	8.01	-6.15	-5.75	23.77	2 704
甘肃	6.43	-1.63	-1.22	57.05	557
新疆	-	-	-	-	-

(四)星级大中型饭店统计资料

6－4－1　全国星级大中型旅游涉外饭店综合情况

饭店经济类型 规模、星级		饭店数（座）	房间数（间）	床位数（张）	客房出租率（%）	营业收入（万元）	营业税金（万元）	固定资产（万元）
饭店经济类型	**合　计**	**604**	**208 560**	**392 731**	**59.28**	**3 798 728.38**	**181 330.33**	**7 942 276.44**
	国有经济	333	111 710	220 053	57.60	1 323 015.96	62 209.28	3 308 588.61
	集体经济	23	6 705	13 507	57.05	62 699.05	3 336.81	130 366.64
	私营经济	3	696	1 343	33.95	6 354.76	301.38	14 590.00
	联营经济	10	4 009	7 828	52.96	49 196.41	2 472.75	135 051.61
	股份制经济	27	9 111	17 194	60.35	129 987.47	6 730.63	405 763.97
	外商投资经济	143	52 010	90 068	62.17	1 515 1836.56	74 334.76	2 887 386.75
	港澳台投资	65	24 319	42 738	62.05	712 291.17	31 944.72	1 060 528.86
饭店规模	**合　计**	**604**	**208 560**	**392 731**	**59.28**	**3 798 728.38**	**181 330.33**	**7 942 276.44**
	500 间以上	73	53 612	96 906	61.74	1 326 683.65	67 898.06	2 544 714.94
	300－499 间	204	76 081	141 478	59.78	1 287 575.51	62 418.45	3 082 221.55
	200－299 间	327	78 867	154 347	57.35	1 184 469.22	51 013.82	2 315 339.95
饭店星级	**合　计**	**604**	**208 560**	**392 731**	**59.28**	**3 798 728.38**	**181 330.33**	**7 942 276.44**
	五星级	56	29 081	47 882	62.93	1 185 813.07	59 901.98	2 384 582.54
	四星级	126	50 402	89 768	61.45	1 244 446.74	58 395.26	2 624 213.61
	三星级	286	88 872	172 352	58.47	1 152 563.65	52 808.45	2 434 554.43
	二星级	127	37 350	76 385	55.00	205 986.85	9 734.94	487 377.86
	一星级	9	2 855	6 344	54.24	9 918.07	489.70	11 548.00

6－4－2　全国星级大中型旅游涉外饭店的地区分布

地　　区	饭店数（座）	房间数（间）	床位数（张）	客　房出租率（%）	营业收入（万元）	固定资产原值（万元）
合　计	**604**	**208 560**	**392 731**	**59.28**	**3 798 728.38**	**7 942 276.44**
北　京	96	40 841	72 761	62.64	1 065 017.99	2 215 613.86
天　津	10	3 305	5 636	54.20	60 941.59	64 610.66
河　北	14	3 772	8 115	46.62	47 709.30	72 170.83
山　西	3	1 095	2 141	73.35	10 823.70	17 632.90
内蒙古	5	1 496	3 057	59.40	9 509.75	23 823.72
辽　宁	19	6 220	10 076	58.06	99 944.61	281 898.90
吉　林	7	2 086	4 219	58.04	14 938.67	55 330.03
黑龙江	12	2 815	5 759	55.24	9 855.15	58 112.85
上　海	57	22 114	38 709	63.79	566 975.78	1 041 447.80
江　苏	29	9 010	16 186	58.65	202 711.07	402 272.14
浙　江	21	6 758	12 698	61.05	165 346.12	222 529.00
安　徽	4	1 199	2 562	63.32	14 671.80	23 159.24
福　建	22	5 819	11 125	59.37	82 511.45	142 940.40
江　西	10	2 495	5 040	55.55	19 205.52	41 523.44
山　东	20	5 982	10 748	54.46	93 321.80	205 373.05
河　南	21	10 469	22 228	65.11	53 348.29	72 459.95
湖　北	12	3 063	5 790	57.72	36 625.50	84 158.64
湖　南	15	4 203	8 640	53.72	59 190.85	65 196.05
广　东	105	36 946	70 574	60.48	830 467.29	1 552 385.95
广　西	25	7 825	15 212	53.00	62 732.58	206 991.83
海　南	14	3 888	7 246	49.46	41 228.18	136 248.41
重　庆	9	2 332	4 302	50.47	44 028.77	36 483.49
四　川	21	5 879	11 255	54.67	57 910.24	528 861.18
贵　州	2	798	1 651	68.10	8 212.77	13 336.07
云　南	8	2 331	4 496	70.33	42 858.06	67 644.80
西　藏	2	1 034	2 380	38.02	5 675.00	25 103.55
陕　西	20	8 444	16 891	55.08	54 474.40	176 375.69
甘　肃	9	3 043	6 380	61.89	20 985.23	72 402.61
青　海	3	927	1 878	46.55	6 942.32	26 176.62
宁　夏	1	224	446	35.00	320.00	637.00
新　疆	8	2 147	4 530	39.80	10 244.60	9 375.78

6－4－3　全国星级大中型旅游涉外饭店的经济类型

单位:座

地区	总计	国有经济	集体经济	私营经济	联营经济	股份制	外商投资	港澳台
合计	**604**	**333**	**23**	**3**	**10**	**27**	**143**	**65**
北京	96	43	5	0	0	2	46	0
天津	10	2	0	0	0	0	8	0
河北	14	14	0	0	0	0	0	0
山西	3	3	0	0	0	0	0	0
内蒙古	5	3	0	0	0	0	1	1
辽宁	19	8	0	0	0	2	3	6
吉林	7	7	0	0	0	0	0	0
黑龙江	12	8	0	0	1	2	1	0
上海	57	36	1	0	1	2	8	9
江苏	29	20	0	0	0	0	7	2
浙江	21	12	2	0	1	2	1	3
安徽	4	3	0	0	0	0	1	0
福建	22	10	1	0	0	0	5	6
江西	10	10	0	0	0	0	0	0
山东	20	11	1	0	0	0	8	0
河南	21	18	1	0	1	0	1	0
湖北	12	9	0	0	0	2	0	1
湖南	15	8	3	0	0	2	1	1
广东	105	38	5	2	2	2	27	29
广西	25	8	1	0	0	1	11	4
海南	14	2	2	0	4	5	1	0
重庆	9	4	0	1	0	0	4	0
四川	21	18	0	0	0	2	1	0
贵州	2	1	0	0	0	0	1	0
云南	8	5	0	0	0	0	2	1
西藏	2	1	1	0	0	0	0	0
陕西	20	12	0	0	0	3	3	2
甘肃	9	8	0	0	0	0	1	0
青海	3	3	0	0	0	0	0	0
宁夏	1	1	0	0	0	0	0	0
新疆	8	7	0	0	0	0	1	0

6－4－4　全国星级大中型旅游涉外饭店的客房规模

单位:座

地　区	总　计	客房间数 500以上	客房间数 300－499	客房间数 200－299
合　计	**604**	**73**	**204**	**327**
北　京	96	21	42	33
天　津	10	1	3	6
河　北	14	0	3	11
山　西	3	0	3	0
内蒙古	5	0	2	3
辽　宁	19	2	6	11
吉　林	7	0	3	4
黑龙江	12	0	3	9
上　海	57	14	20	23
江　苏	29	1	14	14
浙　江	21	3	3	15
安　徽	4	0	2	2
福　建	22	0	4	18
江　西	10	0	1	9
山　东	20	2	5	13
河　南	21	7	4	10
湖　北	12	0	2	10
湖　南	15	0	4	11
广　东	105	13	33	59
广　西	25	1	11	13
海　南	14	0	5	9
重　庆	9	0	3	6
四　川	21	1	5	15
贵　州	2	0	2	0
云　南	8	0	3	5
西　藏	2	1	1	0
陕　西	20	5	8	7
甘　肃	9	1	5	3
青　海	3	0	2	1
宁　夏	1	0	0	1
新　疆	8	0	2	6

6－4－5　全国星级大中型旅游涉外饭店的星级构成

单位:座

地　区	星级饭店数	五星级	四星级	三星级	二星级	一星级
合　计	**604**	**56**	**126**	**286**	**127**	**9**
北　京	96	16	26	34	18	2
天　津	10	1	4	5	0	0
河　北	14	0	1	10	3	0
山　西	3	0	1	1	1	0
内蒙古	5	0	0	4	1	0
辽　宁	19	2	6	10	1	0
吉　林	7	0	0	6	0	1
黑龙江	12	0	0	9	2	1
上　海	57	7	15	25	9	1
江　苏	29	1	10	16	2	0
浙　江	21	0	2	19	0	0
安　徽	4	0	1	3	0	0
福　建	22	0	6	13	3	0
江　西	10	0	1	4	5	0
山　东	20	3	5	12	0	0
河　南	21	0	0	9	12	0
湖　北	12	0	2	6	4	0
湖　南	15	1	2	8	4	0
广　东	105	15	22	45	22	1
广　西	25	3	2	13	7	0
海　南	14	2	6	6	0	0
重　庆	9	0	2	6	1	0
四　川	21	2	1	7	9	2
贵　州	2	0	0	1	1	0
云　南	8	0	4	0	4	0
西　藏	2	0	0	1	1	0
陕　西	20	3	5	8	3	1
甘　肃	9	0	1	4	4	0
青　海	3	0	0	1	2	0
宁　夏	1	0	0	0	1	0
新　疆	8	0	1	0	7	0

6-4-6 全国星级大中型旅游涉外饭店的营业收入总额

地区	汇总单位(座)	营业收入(万元)	#客房(万元)	#餐饮(万元)	#商品(万元)
合计	**604**	**3 798 728.38**	**1 731 178.81**	**1 103 275.77**	**347 179.72**
北京	96	1 065 017.99	466 816.79	247 372.97	113 025.00
天津	10	60 941.59	36 525.17	12 539.37	3 924.16
河北	14	47 709.30	15 379.99	15 613.07	8 336.94
山西	3	10 823.70	7 017.60	2 921.80	203.70
内蒙古	5	9 509.75	5 026.94	2 961.15	677.10
辽宁	19	99 944.61	55 354.96	31 920.06	5 202.12
吉林	7	14 938.67	8 135.26	5 159.24	985.15
黑龙江	12	9 855.15	5 983.61	2 889.93	41.45
上海	57	566 975.78	317 090.43	164 944.65	23 481.05
江苏	29	202 711.07	84 160.23	53 305.13	40 908.60
浙江	21	165 346.12	41 962.32	30 585.60	75 467.26
安徽	4	14 671.80	8 070.74	4 399.27	1 088.00
福建	22	82 511.45	42 209.07	28 101.94	4 110.91
江西	10	19 205.52	10 075.50	5 503.65	1 395.10
山东	20	93 321.80	46 201.25	32 200.31	3 475.75
河南	21	53 348.29	25 181.66	23 371.90	1 384.29
湖北	12	36 625.50	21 422.01	11 510.87	786.00
湖南	15	59 190.85	26 628.84	22 131.44	1 445.85
广东	105	830 467.29	327 518.51	297 726.14	36 085.72
广西	25	62 732.58	30 791.64	24 668.31	2 147.11
海南	14	41 228.18	23 533.01	12 557.45	509.37
重庆	9	44 028.77	19 184.81	10 300.79	8 083.49
四川	21	57 910.24	32 292.64	17 007.97	2 598.51
贵州	2	8 212.77	4 566.59	2 279.64	222.69
云南	8	42 858.06	18 110.45	11 288.07	4 677.58
西藏	2	5 675.00	3 211.13	1 666.70	184.77
陕西	20	54 474.40	29 338.54	16 501.04	2 612.49
甘肃	9	20 985.23	10 154.42	6 383.78	2 632.43
青海	3	6 942.32	2 949.56	2 422.53	1 107.21
宁夏	1	320.00	152.00	60.00	67.00
新疆	8	10 244.60	6 133.14	2 981.00	312.92

6－4－7 全国星级大中型旅游涉外饭店的营业收入构成

地　区	汇总单位（座）	营业收入（万元）	#客房（%）	#餐饮（%）	#商品（%）
合　计	**604**	**3 798 728.38**	**45.57**	**29.04**	**9.14**
北　京	96	1 065 017.99	43.83	23.23	10.61
天　津	10	60 941.59	59.93	20.58	6.44
河　北	14	47 709.30	32.24	32.73	17.47
山　西	3	10 823.70	64.84	26.99	1.88
内蒙古	5	9 509.75	52.86	31.14	7.12
辽　宁	19	99 944.61	55.39	31.94	5.21
吉　林	7	14 938.67	54.46	34.54	6.59
黑龙江	12	9 855.15	60.72	29.32	0.42
上　海	57	566 975.78	55.93	29.09	4.14
江　苏	29	202 711.07	41.52	26.30	20.18
浙　江	21	165 346.12	25.38	18.50	45.64
安　徽	4	14 671.80	55.01	29.98	7.41
福　建	22	82 511.45	51.16	34.06	4.98
江　西	10	19 205.52	52.46	28.66	7.26
山　东	20	93 321.80	49.51	34.50	3.72
河　南	21	53 348.29	47.20	43.81	2.59
湖　北	12	36 625.50	58.49	31.43	2.15
湖　南	15	59 190.85	44.99	37.39	2.44
广　东	105	830 467.29	39.44	35.85	4.35
广　西	25	62 732.58	49.08	39.32	3.42
海　南	14	41 228.18	57.08	30.46	1.24
重　庆	9	44 028.77	43.57	23.40	18.36
四　川	21	57 910.24	55.76	29.37	4.49
贵　州	2	8 212.77	55.60	27.76	2.71
云　南	8	42 858.06	42.26	26.34	10.91
西　藏	2	5 675.00	56.58	29.37	3.26
陕　西	20	54 474.40	53.86	30.29	4.80
甘　肃	9	20 985.23	48.39	30.42	12.54
青　海	3	6 942.32	42.49	34.90	15.95
宁　夏	1	320.00	47.50	18.75	20.94
新　疆	8	10 244.60	59.87	29.10	3.05

6-4-8 全国星级大中型旅游涉外饭店的住宿人数和人天数

地区	汇总单位(座)	住宿人数			住宿人天数		
		总人数(万人)	海外旅游者(万人)	海外占百分比(%)	住宿人天数(万人夜)	海外旅游者(万人夜)	海外占百分比(%)
合计	**604**	**3 252.83**	**733.90**	**22.56**	**6 246.33**	**1 706.61**	**27.32**
北京	96	372.42	197.21	52.95	1 214.47	618.34	50.91
天津	10	21.15	7.42	35.08	75.30	41.18	54.68
河北	14	74.78	5.19	6.95	104.77	8.70	8.31
山西	3	20.36	0.42	2.04	54.36	0.82	1.51
内蒙古	5	23.66	1.37	5.78	36.53	2.64	7.23
辽宁	19	66.46	12.22	18.38	130.59	40.16	30.76
吉林	7	23.34	2.74	11.74	59.77	5.15	8.61
黑龙江	12	31.22	2.95	9.46	64.71	5.19	8.01
上海	57	–	–	–	–	–	–
江苏	29	140.66	58.47	41.57	268.90	126.03	46.87
浙江	21	107.45	14.73	13.71	188.56	36.02	19.10
安徽	4	28.74	5.40	18.78	39.69	7.50	18.89
福建	22	101.69	24.88	24.46	177.36	53.11	29.95
江西	10	–	–	–	–	–	–
山东	20	68.59	14.80	21.58	146.32	40.75	27.85
河南	21	807.99	6.52	0.81	944.32	9.86	1.04
湖北	12	51.20	5.65	11.04	80.59	12.23	15.18
湖南	15	111.85	8.93	7.99	267.69	33.13	12.37
广东	105	643.99	232.03	36.03	1 246.40	400.65	32.14
广西	25	112.67	35.11	31.16	237.35	67.28	28.35
海南	14	63.66	13.68	21.49	106.68	23.13	21.68
重庆	9	38.01	11.55	30.38	60.52	17.79	29.39
四川	21	95.77	9.84	10.27	191.83	24.40	12.72
贵州	2	8.08	1.16	14.37	18.52	2.33	12.60
云南	8	56.55	19.18	33.92	109.31	33.34	30.50
西藏	2	8.87	2.70	30.41	21.38	8.02	37.51
陕西	20	73.95	30.28	40.95	188.46	67.70	35.92
甘肃	9	52.34	4.23	8.08	91.31	7.50	8.21
青海	3	21.68	0.55	2.56	37.07	1.08	2.91
宁夏	1	1.24	–	0.22	2.48	–	0.19
新疆	8	24.44	4.67	19.13	81.10	12.59	15.52

6－4－9 全国星级大中型旅游涉外饭店的每间客房年收入

地　　区	汇总单位（座）	饭店规模		出租率（%）	每间客房年收入（万元）	每间客房年接待人数（人）	每间客房年接待人天数（人天）
		客房数（间）	床位数（张）				
合　计	**604**	**208 560**	**392 731**	**59.28**	**18.21**	**155**	**300**
北　京	96	40 841	72 761	62.64	26.08	91	297
天　津	10	3 305	5 636	54.20	18.44	63	228
河　北	14	3 772	8 115	46.62	12.65	198	278
山　西	3	1 095	2 141	73.35	9.88	185	496
内蒙古	5	1 496	3 057	59.40	6.36	158	244
辽　宁	19	6 220	10 076	58.06	16.07	106	210
吉　林	7	2 086	4 219	58.04	7.16	111	287
黑龙江	12	2 815	5 759	55.24	3.50	110	230
上　海	57	22 114	28 709	63.89	25.64	－	－
江　苏	29	9 010	16 186	58.65	22.50	156	298
浙　江	21	6 758	12 698	61.05	24.47	159	279
安　徽	4	1 199	2 562	63.32	12.24	239	331
福　建	22	5 819	11 125	59.37	14.18	174	305
江　西	10	2 495	5 040	55.55	7.70	－	－
山　东	20	5 982	10 748	54.46	15.60	114	245
河　南	21	10 469	22 228	65.11	5.10	－	－
湖　北	12	3 063	5 790	57.72	11.96	167	263
湖　南	15	4 203	8 640	53.72	14.08	266	637
广　东	105	36 946	70 574	60.48	22.48	174	337
广　西	25	7 825	15 212	53.00	8.02	143	303
海　南	14	3 888	7 246	49.46	10.60	163	274
重　庆	9	2 332	4 302	50.47	18.88	163	260
四　川	21	5 879	11 225	54.67	9.85	162	326
贵　州	2	798	1 651	68.10	10.29	101	232
云　南	8	2 331	4 496	70.33	18.39	242	469
西　藏	2	1 034	2 380	38.02	5.49	85	207
陕　西	20	8 444	16 891	55.08	6.45	87	223
甘　肃	9	3 043	6 380	61.89	6.90	171	300
青　海	3	927	1 878	46.55	7.49	233	400
宁　夏	1	224	446	35.00	1.43	55	111
新　疆	8	2 147	4 530	39.80	4.77	113	378

6－4－10 全国星级大中型旅游涉外饭店的人均效益

地 区	全员劳动生产率（万元/人）	人均实现利润（万元/人）	人均实现利税（万元/人）	人均占用固定资产原值（万元/人）	职工人数（人）
合 计	**10.78**	**0.66**	**1.18**	**22.54**	**352 409**
北 京	14.64	1.60	2.30	30.45	72 752
天 津	10.88	－0.15	0.33	11.54	5 600
河 北	8.54	0.72	1.06	12.92	5 588
山 西	5.44	－0.21	0.09	8.87	1 989
内蒙古	4.11	－0.18	0.02	10.29	2 316
辽 宁	9.94	－0.22	0.28	28.04	10 052
吉 林	4.25	－0.51	－0.32	15.73	3 517
黑龙江	2.34	0.05	0.16	13.80	4 210
上 海	15.14	1.90	2.71	27.80	37 456
江 苏	11.90	0.01	0.48	23.62	17 030
浙 江	13.52	0.99	1.38	18.20	12 228
安 徽	7.79	0.85	1.26	12.29	1 884
福 建	7.61	0.09	0.49	13.18	10 848
江 西	5.55	0.28	0.55	12.00	3 461
山 东	8.41	－1.22	－0.79	18.51	11 093
河 南	5.73	0.24	0.63	7.78	9 315
湖 北	7.43	0.71	1.03	17.07	4 931
湖 南	13.33	1.25	1.86	14.68	4 440
广 东	10.41	0.83	1.32	19.46	79 784
广 西	5.38	－1.61	－1.34	17.74	11 669
海 南	7.03	－0.20	0.19	23.22	5 868
重 庆	9.72	0.27	0.75	8.05	4 530
四 川	5.83	0.71	0.99	53.22	9 937
贵 州	8.16	0.22	0.69	13.24	1 007
云 南	11.38	2.24	2.78	17.96	3 766
西 藏	5.64	0.79	1.07	24.93	1 007
陕 西	7.28	－3.79	－3.45	23.56	7 485
甘 肃	4.14	－0.26	－0.05	14.27	5 074
青 海	4.04	－1.30	－1.12	15.25	1 717
宁 夏	0.88	－0.36	－0.33	－	365
新 疆	6.88	0.91	1.24	6.29	1 490

（五）非星级大中型饭店统计资料

6－5－1　全国非星级大中型旅游涉外饭店综合情况

	饭店经济类型 规模	饭店数 （座）	房间数 （间）	床位数 （张）	客　房 出租率 （%）	营业收入 （万元）	营业税金 （万元）	固定资产 （万元）
	合　计	**223**	**143 828**	**286 173**	**54.36**	**1 064 900.68**	**60 601.53**	**2 400 790.88**
饭	国有经济	121	68 506	139 605	52.49	477 288.31	25 555.90	648 971.04
店	集体经济	20	5 629	11 555	44.31	22 588.89	1 305.44	101 907.98
经	私营经济	2	782	1 373	60.36	4 816.88	233.19	5 570.00
济	联营经济	1	248	496	53.32	4 367.00	242.00	33 212.00
类	股份制经济	14	3 767	6 964	46.51	24 775.17	1 267.54	170 336.09
型	外商投资经济	35	10 850	19 356	47.56	133 475.51	6 886.54	638 989.92
	港澳台投资	30	54 046	106 824	61.93	397 588.92	25 110.92	801 803.85
饭	**合　计**	**223**	**143 828**	**286 173**	**54.36**	**1 064 900.68**	**60 601.53**	**2 400 790.88**
店	500 间以上	23	87 888	177 714	59.24	608 579.85	37 003.13	646 102.92
规	300－499 间	63	23 187	43 669	50.30	201 703.95	10 312.33	788 133.67
模	200－299 间	137	32 753	64 790	47.68	254 616.88	13 286.07	966 554.29

6-5-2 全国非星级大中型旅游涉外饭店的地区分布

地　　区	饭店数（座）	房间数（间）	床位数（张）	客房出租率（%）	营业收入（万元）	固定资产原值（万元）
合　计	**223**	**143 828**	**286 173**	**54.36**	**1 064 900.68**	**2 400 790.88**
北　京	10	2 899	5 598	41.61	26 734.37	111 918.78
天　津	4	1 144	2 237	49.66	7 497.61	45 767.00
河　北	6	2 377	4 521	35.00	11 122.90	8 408.00
山　西	3	710	1 697	52.23	2 596.32	2 662.40
内蒙古	2	595	1 209	38.25	1 517.40	1 649.00
辽　宁	15	4 985	9 586	49.07	30 200.82	192 954.36
吉　林	5	1 646	2 477	41.53	23 868.60	162 530.00
黑龙江	3	775	1 684	63.43	3 467.50	10 354.70
江　苏	10	2 469	4 442	47.90	17 113.38	83 612.20
浙　江	18	5 350	9 886	52.74	60 598.27	206 028.89
安　徽	4	849	1 704	54.55	6 116.24	10 418.80
福　建	8	2 575	4 615	51.60	20 287.92	44 885.14
江　西	2	573	1 006	58.91	7 673.09	19 796.90
山　东	18	5 183	10 423	38.00	27 234.22	76 819.10
河　南	2	802	1 544	68.63	9 693.00	12 226.00
湖　北	10	2 717	5 643	51.27	19 278.31	50 062.62
湖　南	1	265	578	80.59	1 946.00	–
广　东	54	92 476	184 902	59.24	706 748.57	929 256.41
广　西	12	3 382	6 922	50.27	24 127.93	86 878.19
海　南	14	3 936	7 258	49.17	23 631.60	135 362.94
重　庆	2	508	966	37.45	4 573.60	72 961.00
四　川	10	3 216	6 884	49.33	13 131.97	88 658.45
贵　州	4	2 232	6 230	62.84	3 964.25	20 783.00
云　南	2	671	1 316	40.73	5 637.81	14 723.00
西　藏	1	541	1 040	16.60	764.00	2 392.00
陕　西	2	733	1 287	55.30	4 478.00	8 769.00
宁　夏	1	219	518	37.62	897.00	913.00

6－5－3　全国非星级大中型旅游涉外饭店的经济类型

单位:座

地　区	总　计	国有经济	集体经济	私营经济	联营经济	股份制	外商投资	港澳台
合　计	**223**	**121**	**20**	**2**	**1**	**14**	**35**	**30**
北　京	10	4	2	0	0	0	4	0
天　津	4	1	0	0	0	0	3	0
河　北	6	6	0	0	0	0	0	0
山　西	3	3	0	0	0	0	0	0
内蒙古	2	2	0	0	0	0	0	0
辽　宁	15	7	0	0	0	2	0	6
吉　林	5	2	0	0	0	0	3	0
黑龙江	3	1	0	0	0	0	1	1
江　苏	10	7	1	0	0	1	0	1
浙　江	18	3	2	0	0	5	6	2
安　徽	4	3	0	0	0	0	1	0
福　建	8	6	0	1	0	0	1	0
江　西	2	0	1	0	0	0	0	1
山　东	18	10	3	0	0	0	1	4
河　南	2	2	0	0	0	0	0	0
湖　北	10	8	0	0	0	1	0	1
湖　南	1	1	0	0	0	0	0	0
广　东	54	26	6	1	1	0	8	12
广　西	12	8	2	0	0	0	1	1
海　南	14	4	2	0	0	5	3	0
重　庆	2	1	0	0	0	0	1	0
四　川	10	8	0	0	0	0	1	1
贵　州	4	4	0	0	0	0	0	0
云　南	2	2	0	0	0	0	0	0
西　藏	1	0	1	0	0	0	0	0
陕　西	2	1	0	0	0	0	1	0
宁　夏	1	1	0	0	0	0	0	0

6-5-4 全国非星级大中型旅游涉外饭店的客房规模

单位:座

地　区	总　计	客房间数 500以上	客房间数 300-499	客房间数 200-299
合　计	**223**	**23**	**63**	**137**
北　京	10	0	3	7
天　津	4	0	1	3
河　北	6	3	1	2
山　西	3	0	0	3
内蒙古	2	0	1	1
辽　宁	15	1	6	8
吉　林	5	0	3	2
黑龙江	3	0	1	2
江　苏	10	0	1	9
浙　江	18	1	6	11
安　徽	4	0	0	4
福　建	8	1	2	5
江　西	2	0	1	1
山　东	18	0	6	12
河　南	2	1	0	1
湖　北	10	0	4	6
湖　南	1	0	0	1
广　东	54	12	10	32
广　西	12	0	4	8
海　南	14	0	5	9
重　庆	2	0	0	2
四　川	10	1	4	5
贵　州	4	2	1	1
云　南	2	0	1	1
西　藏	1	1	0	0
陕　西	2	0	2	0
宁　夏	1	0	0	1

6－5－5　全国非星级大中型旅游涉外饭店的营业收入总额

地　　区	汇　总 单　位 (座)	营业收入 (万元)	# 客　　房 (万元)	# 餐　　饮 (万元)	# 商　　品 (万元)
合　计	**223**	**1 064 900.68**	**656 838.65**	**242 178.32**	**65 174.65**
北　京	10	26 734.37	11 836.63	4 043.46	347.33
天　津	4	7 497.61	4 362.28	1 967.63	524.40
河　北	6	11 122.90	4 704.20	2 549.20	1 353.30
山　西	3	2 596.32	1 384.26	1 172.84	－
内蒙古	2	1 517.40	793.41	634.50	70.49
辽　宁	15	30 200.82	17 558.53	9 936.32	638.28
吉　林	5	23 868.60	10 667.80	9 239.00	524.70
黑龙江	3	3 467.50	2 640.80	704.20	－
江　苏	10	17 113.38	7 080.91	7 749.06	1 444.93
浙　江	18	60 598.27	29 385.25	24 872.23	1 430.32
安　徽	4	6 116.24	3 528.81	2 052.78	423.82
福　建	8	20 287.92	11 024.97	6 605.79	144.74
江　西	2	7 673.09	4 283.36	3 141.31	－
山　东	18	27 234.22	13 484.03	10 337.34	734.65
河　南	2	9 693.00	5 068.00	3 854.00	24.00
湖　北	10	19 278.31	10 169.55	6 846.87	1 042.40
湖　南	1	1 946.00	1 001.00	920.00	－
广　东	54	706 748.57	476 429.17	117 424.42	51 515.76
广　西	12	24 127.93	9 879.68	10 908.89	2 145.43
海　南	14	23 631.60	13 714.55	7 288.85	158.60
重　庆	2	4 573.60	2 419.10	1 623.30	85.60
四　川	10	13 131.97	7 412.82	4 402.32	518.22
贵　州	4	3 964.25	1 501.07	1 354.57	974.59
云　南	2	5 637.81	2 537.47	1 026.44	1 054.09
西　藏	1	764.00	304.00	266.00	－
陕　西	2	4 478.00	3 224.00	876.00	12.00
宁　夏	1	897.00	443.00	381.00	7.00

6-5-6 全国非星级大中型旅游涉外饭店的营业收入构成

地　区	汇总单位(座)	营业收入(万元)	#客房(%)	#餐饮(%)	#商品(%)
合　计	**223**	**1 064 900.68**	**61.68**	**22.74**	**6.12**
北　京	10	26 734.37	44.27	15.12	1.30
天　津	4	7 497.61	58.18	26.24	6.99
河　北	6	11 122.90	42.29	22.92	12.17
山　西	3	2 596.32	53.32	45.17	–
内蒙古	2	1 517.40	52.29	41.81	4.65
辽　宁	15	30 200.82	58.14	32.90	2.11
吉　林	5	23 868.60	44.69	38.71	2.20
黑龙江	3	3 467.50	76.16	20.31	–
江　苏	10	17 113.38	41.38	45.28	8.44
浙　江	18	60 598.27	48.49	41.04	2.36
安　徽	4	6 116.24	57.70	33.56	6.93
福　建	8	20 287.92	54.34	32.56	0.71
江　西	2	7 673.09	55.82	40.94	–
山　东	18	27 234.22	49.51	37.96	2.70
河　南	2	9 693.00	52.29	39.76	0.25
湖　北	10	19 278.31	52.75	35.52	5.41
湖　南	1	1 946.00	51.44	47.28	–
广　东	54	706 748.57	67.41	16.61	7.29
广　西	12	24 127.93	40.95	45.21	8.89
海　南	14	23 631.60	58.03	30.84	0.67
重　庆	2	4 573.60	52.89	35.49	1.87
四　川	10	13 131.97	56.45	33.52	3.95
贵　州	4	3 964.25	37.87	34.17	24.58
云　南	2	5 637.81	45.01	18.21	18.70
西　藏	1	764.00	39.79	34.82	–
陕　西	2	4 478.00	72.00	19.56	0.27
宁　夏	1	897.00	49.39	42.47	0.78

6-5-7 全国非星级大中型旅游涉外饭店的住宿人数和人天数

地区	汇总单位(座)	住宿人数			住宿人天数		
		总人数(万人)	海外旅游者(万人)	海外占百分比(%)	住宿人天数(万人夜)	海外旅游者(万人夜)	海外占百分比(%)
合计	**223**	**1 931.43**	**262.43**	**13.60**	**3 958.26**	**539.60**	**13.63**
北京	10	15.51	5.57	35.94	60.33	13.77	22.83
天津	4	5.09	1.43	28.07	17.32	10.01	57.81
河北	6	16.47	5.94	36.07	53.11	17.32	32.61
山西	3	21.71	0.04	0.17	31.11	0.06	0.19
内蒙古	2	8.79	0.07	0.84	9.78	0.08	0.77
辽宁	15	23.60	2.33	9.87	57.01	9.89	17.36
吉林	5	14.29	4.19	29.35	30.39	8.83	29.06
黑龙江	3	10.23	0.74	7.22	12.74	1.24	9.74
江苏	10	36.89	2.73	7.40	64.06	4.97	7.76
浙江	18	58.68	10.78	18.38	100.30	23.46	23.39
安徽	4	11.99	0.06	0.48	36.59	0.31	0.86
福建	8	25.52	3.75	14.68	55.42	7.95	14.35
江西	2	–	–	–	–	–	–
山东	18	55.95	3.86	6.90	85.20	8.85	10.38
河南	2	13.34	1.31	9.78	26.44	3.12	11.80
湖北	10	28.40	4.27	15.03	43.99	6.94	15.77
湖南	1	10.87	0.01	0.14	27.85	0.03	0.11
广东	54	1 328.64	184.63	13.90	2 818.63	371.19	13.17
广西	12	66.69	1.96	2.94	101.71	3.21	3.16
海南	14	63.63	12.07	18.98	90.10	16.85	18.70
重庆	2	2.67	1.71	64.24	4.22	2.43	57.66
四川	10	27.22	1.95	7.17	48.89	3.08	6.31
贵州	4	59.15	7.57	12.80	118.17	15.42	13.05
云南	2	7.64	3.55	46.46	21.13	5.32	25.19
西藏	1	5.88	0.01	0.18	14.71	0.05	0.32
陕西	2	9.38	2.09	22.25	22.66	5.19	22.90
宁夏	1	3.20	0.01	0.27	6.39	0.01	0.14

6－5－8 全国非星级大中型旅游涉外饭店的每间客房年收入

地 区	汇 总 单 位 (座)	饭店规模		出租率 (%)	每间客房年收入 (万元)	每间客房年接待人 数 (人)	每间客房年接待人天数 (人天)
		客房数 (间)	床位数 (张)				
合 计	**223**	**143 828**	**286 173**	**54.36**	**7.40**	**134**	**275**
北 京	10	2 899	5 598	41.61	9.22	53	208
天 津	4	1 144	2 237	49.66	6.55	44	151
河 北	6	2 377	4 521	35.00	4.68	69	223
山 西	3	710	1 697	52.23	3.66	305	438
内蒙古	2	595	1 209	38.25	2.55	147	164
辽 宁	15	4 985	9 586	49.07	6.06	47	114
吉 林	5	1 646	2 477	41.53	14.50	86	185
黑龙江	3	775	1 684	63.43	4.47	131	164
江 苏	10	2 469	4 442	47.90	6.93	149	259
浙 江	18	5 350	9 886	52.74	11.33	109	187
安 徽	4	849	1 704	54.55	7.20	141	431
福 建	8	2 575	4 615	51.60	7.88	99	215
江 西	2	573	1 006	58.91	13.39	－	－
山 东	18	5 183	10 423	38.00	5.25	107	164
河 南	2	802	1 544	68.63	12.09	166	330
湖 北	10	2 717	5 643	51.27	7.10	104	162
湖 南	1	265	578	80.59	7.34	－	－
广 东	54	92 476	184 902	59.24	7.64	143	305
广 西	12	3 382	6 922	50.27	7.13	197	301
海 南	14	3 936	7 258	49.17	6.00	161	229
重 庆	2	508	966	37.45	9.00	52	83
四 川	10	3 216	6 884	49.33	4.08	84	152
贵 州	4	2 232	6 230	62.84	1.78	264	529
云 南	2	671	1 316	40.73	8.40	113	315
西 藏	1	541	1 040	16.60	1.41	108	272
陕 西	2	733	1 287	55.30	6.11	127	309
宁 夏	1	219	518	37.62	4.10	146	292

6－5－9　全国非星级大中型旅游涉外饭店的人均效益

地　区	全员劳动生产率（万元/人）	人均实现利润（万元/人）	人均实现利税（万元/人）	人均占用固定资产原值（万元/人）	职工人数（人）
合　计	**11.82**	**0.16**	**0.84**	**26.65**	**90 095**
北　京	7.49	－2.07	－1.70	31.34	3 571
天　津	5.73	－0.31	－0.03	34.96	1 309
河　北	6.62	0.35	0.88	5.00	1 680
山　西	3.53	－0.09	－0.01	3.62	736
内蒙古	4.34	0.14	0.67	4.71	350
辽　宁	4.52	－1.08	－0.85	28.86	6 687
吉　林	8.96	－3.97	－3.50	61.01	2 664
黑龙江	2.65	0.18	0.30	7.91	1 309
江　苏	4.58	－0.30	－0.09	22.38	3 736
浙　江	7.70	－0.87	－0.48	26.18	7 869
安　徽	4.56	0.09	0.29	7.78	1 340
福　建	6.12	0.24	0.56	13.54	3 316
江　西	6.89	1.90	2.24	17.77	1 114
山　东	4.47	－1.46	－1.23	12.61	6 090
河　南	18.29	1.01	1.92	23.07	530
湖　北	6.29	0.92	1.21	16.23	3 065
广　东	26.29	2.78	4.35	34.57	26 878
广　西	4.27	－1.30	－1.10	15.37	5 651
海　南	4.73	－2.68	－2.41	27.08	4 998
重　庆	4.99	－1.26	－0.98	79.56	917
四　川	4.35	－0.40	－0.17	29.34	3 022
贵　州	3.96	0.14	0.36	20.74	1 002
云　南	5.77	－2.19	－1.98	15.07	977
西　藏	2.94	0.17	0.32	9.20	260
陕　西	5.47	0.61	0.89	10.71	819
宁　夏	4.38	－0.12	0.12	4.45	205

责任编辑：关家声　鲁英委

图书在版编目(CIP)数据

中国旅游涉外饭店经营统计及排序：1998/国家旅游局编. －北京：中国旅游出版社，1998.6
ISBN 7－5032－1533－X

Ⅰ.中…　Ⅱ.国…　Ⅲ.①旅游饭店，涉外－经济统计－统计资料－中国－1998　②旅游饭店，涉外－排序－中国－1998　Ⅳ.F719－66

中国版本图书馆 CIP 数据核字(98)第 19374 号

中国旅游涉外饭店经营
统计及排序 1998

国家旅游局编
中国旅游出版社出版
（北京建内大街甲 9 号）
清华大学印刷厂印刷
*
开本：787×1092 毫米　1/16　印张：11.25　字数：250 千
1998 年 7 月第 1 版　1998 年 7 月第 1 次印刷
004700
临时性广告经营许可证号：京工商广临字 191 号